AtV AUFBAU THEMA

Brigitte Kols, Jahrgang 1947, arbeitete nach dem Jurastudium und dem Besuch der Münchner Journalistenschule als freie Autorin für den Funk. 1977 wurde sie Redakteurin der »Frankfurter Rundschau«, dort war sie u. a. stellvertretende Chefin der Nachrichtenredaktion, seit 1990 ist sie als leitende Redakteurin mit Schwerpunkt Außenpolitik auch für die Europaseite zuständig.

Zu Schwarzafrika, dem seit 1980 ihr besonderes Interesse gilt, veröffentlichte sie zahlreiche Kommentare und Berichte. Brigitte Kols unternahm viele Reisen in Länder des südlichen Afrika; mehrfach hielt sie sich auch im Osten und Westen des Kontinents auf.

Brigitte Kols

Tatort Afrika

Ein Kontinent zwischen Gewalt und Hoffnung

Herausgegeben von Wilhelm von Sternburg

Aufbau Taschenbuch Verlag

ISBN 3-7466-8527-3

1. Auflage 1999
Aufbau Taschenbuch Verlag GmbH, Berlin

Umschlaggestaltung Preuße & Hülpüsch Grafik Design
unter Verwendung des Fotos »Unruhen in Burundi«,
Ullstein Bilderdienst
Satz LVD GmbH, Berlin
Druck Elsnerdruck GmbH, Berlin
Printed in Germany

Inhalt

Für Philipp in Südafrika
und Hans-Helmut in Deutschland

Vorwort

700 Millionen Menschen, 52 Länder, Hunderte von Völkern und Ethnien, riesige Wüsten und Steppen, eine Zauberwelt der Wälder, Buschlandschaften und Seen, immer noch ein überwältigendes Tier- und Pflanzeneldorado – das ist Afrika, der vergessene, der verratene, der mörderische Kontinent. Groß, vielfältig, verwirrend wie Amerika, Asien oder Europa ist dieses Afrika, und doch erstarrt es in den Medien zum Klischee, zum einfältigen Einheitsbild der Vereinfacher und Vorurteilsbeladenen. Da mischen sich bei der Mehrzahl der Bewohner des reichen Westens Desinteresse, Mitleid, Verachtung und auch ein gut Stück Rassenideologie zu einem einzigen großen Mißverständnis.

Die Bilder der täglichen Fernsehnachrichten sind ein Alptraum: Frauen, Kinder und Greise als Hungerskelette; Flüsse, in denen die Leichen der Ermordeten treiben; das Elend der Menschen in riesigen Flüchtlingslagern; das stumme Entsetzen der vergewaltigten Frauen; die staubigen, von Ruinen gesäumten Straßen voller schwerbewaffneter Kindersoldaten, die unter groteskem Triumphgeheul ihre Opfer jagen; der plündernde Mob nach der Eroberung von Städten und Dörfern; die Potentaten der Macht, die in Palästen regieren, ihre Untertanen ausbeuten und sich meist in chauvinistische Männerphantasien befriedigenden Uniformen ausstellen. Das ist das Afrika, das wir wahrnehmen, das sich in unserer Vorstellungswelt eingebrannt hat.

Und dies ist in der Tat ein Teil der Wirklichkeit des heutigen Afrika. Aber es ist nicht der Kontinent in seiner Ganzheit. Solche Berichte und Bilder erzählen nichts von seiner überwältigenden Kulturvielfalt, nichts von seiner Landschaft, nichts von seinen Alltag, seinen friedlichen Bemühungen, eine tragische Vergangenheit und eine dramatische Gegenwart zu bewältigen. Vor allem aber, sie hinterfragen nicht oder doch viel zu wenig, warum der Völkermord in Ruanda, die Bürgerkriege in Angola, Mosambik, Uganda und im Kongo, der ökonomische Niedergang der Ölstaaten Nigeria oder Angola, die periodisch wiederkehrenden Hungersnöte in Sudan oder Somalia möglich geworden sind. Aus der Tätersicht des Westens gibt es nicht nur die koloniale Vergangenheit, in der dieser rohstoffreiche Kontinent ausgeplündert und seine Menschen rücksichtslos versklavt, gedemütigt und entwürdigt wurden.

Das politische Heute in Afrika wird kaum weniger als damals durch die Entscheidungen in den westlichen Regierungskabinetten und Konzernzentralen gesteuert. Der Reichtum der afrikanischen Nationen fließt seit Jahrzehnten in die Bilanzen west-östlicher Waffenschmiede, die Ausbeutung der riesigen Ölvorkommen einiger afrikanischer Staaten treiben zwar die Bilanzen der internationalen Multis und die Bankkonten der korrupten heimischen Eliten in astronomische Höhen, aber die Bevölkerung versinkt in Elend und Hunger. Der Völkermord in Ruanda und Burundi, der Bürgerkrieg im Sudan, der Krieg im Kongo – auch nach dem Ende der Ost-West-Konfrontation ist eine der entscheidenden Wurzeln dieser opferreichen Konflikte in den strategischen und ökonomischen Interessen amerikanischer und europäischer Politik zu finden.

Wobei der Westen (und einst auch der kommunistische Osten) immer wieder seine eigenen moralischen und gesellschaftlichen Grundpostulate zynisch verraten hat. Wenn es den eigenen Interessen diente, verbündeten sich Washington, Paris oder London (andere auch, aber sie spielen in Afrika politisch keine entscheidende Rolle mehr) skrupellos auch mit dem Teufel. Grundwerte wie Demokratie oder Menschenrechte gerieten beim Bündnis mit diktatorisch regierenden Generalen oder größenwahnsinnigen Stammesfürsten zur Schmierenkomödie. Das Elend dieses Kontinents, der vielfache Massen- und Völkermord, den er in den letzten Jahren erlebte, das ist nicht nur, aber auch eine Folge politischen Handelns westlicher Politik. Zu oft und zu kurzsichtig hat sie in den verschiedenen afrikanischen Staaten auf Verbündete gesetzt, die ihre Landsleute nicht weniger gnadenlos opferten und auspreßten als ihre amerikanisch-europäischen Partner.

Wir kennen dies auch von anderen Kontinenten. Südamerikanische Staaten oder Teile Asiens waren und sind in der Hand von Diktatoren, die zu Lieblingskindern westlicher Wirtschaftsdiplomatie heranwuchsen. Aber nirgendwo hat diese »Realpolitik« in ihrer Dichtheit und Zeitspanne so schreckliche Folgen gehabt wie in Afrika.

Der Hinweis auf das »barbarische« Verhalten der afrikanischen Völker, der die täglichen Schreckensnachrichten begleitet, ist im übrigen so oberflächlich wie falsch. Die europäische und amerikanische Geschichte ist durch eine über die Jahrhunderte nahezu ungebrochene Folge von Völker- und Massenmorden gekennzeichnet. Wallensteins oder Tillys brandschatzende Heerscharen unterscheiden sich in nichts von den Mordbuben aus den Reihen der Hutu oder Tutsi. In Amerika wurden Inkas und Indianer von Spaniern und den weißen Einwanderern ausgerottet. Der Holocaust wurde durch die Politik einer Nation möglich, die sich als Hochkultur empfand, und die Massaker in Bosnien, die Bombenangriffe auf kurdische Dörfer und Städte sind aktuelle Zeitgeschichte. Afrika war und ist überall, wo die Politik menschenverachtend handelt, Konzerne über Leichen gehen, die soziale Not nicht gebrochen wird und das Recht seine Macht verloren hat.

Die Journalistin Brigitte Kols berichtet in ihrem Essay über die Schrecken des Kontinents. Aber sie weist auch auf das – labile – politische Wunder in Südafrika und die in den neunziger Jahren sich entwickelnden demokratischen Neuorientierungen in vielen afrikanischen Ländern hin. Sie analysiert Aufbrüche von denen noch niemand weiß, ob sich die in sie gesetzten Hoffnungen erfüllen. Politische, ökonomische und demokratische Neuorientierung ist – so das Fazit der Autorin – nicht nur eine Herausforderung für die afrikanischen Eliten, sondern auch für die Industriestaaten, die im eigenen Interesse diesen Kontinent nicht abschreiben oder gar in neue kriegerische Konflikte verwickeln dürfen.

Wilhelm von Sternburg

Einleitend
Von Besserwissern, Journalisten und selbsternannten Rettern

> Es gibt Wege aus dem Sumpf. Afrika steckt voller Überraschungen. Nichts ist so, wie es scheint, und nichts geschieht so, wie es sollte.
>
> *David Lamb in »Afrika, Afrika«*

Wer nicht mit Widersprüchen leben kann, für den ist Europa der falsche Kontinent. Afrika auch. Dort ist im Jahrzehnt nach dem Ende des Kalten Kriegs kein einheitliches Muster auszumachen: Es herrscht Aufbruch, aber auch Apathie, Selbstbewußtsein, aber auch Schwäche, Wachstum, aber auch Willkür. Die einen setzen auf Gewinn, die anderen auf Gewalt – und nicht selten vermischt sich beides. Wer die Entwicklungen in einigen Staaten Afrikas fast zwei Jahrzehnte journalistisch begleitet hat, der blickt auf eine nur kurze Zeitspanne in der Geschichte des Kontinents zurück, in deren Halbzeit die Afrikaner das Zerbersten der Blöcke, das Ende des Kriegs der Systeme erlebten. Viele hatten Mühe, sich in den Trümmern neu zu orientieren. Einige haben sich davon begraben lassen, andere strecken inzwischen den Kopf heraus, wollen sich vom Wind des Wandels nicht treiben lassen, sondern den Kurs ins 21. Jahrhundert selbst bestimmen. Doch während ein Teil der afrikanischen Politiker neue Pflaster für alte Wunden zurückweist, sind andere dabei, selbst neue Wunden zu schlagen.

Sympathiewerte haben heute keine Konjunktur. Es gab Zeiten, da hatte Afrika hierzulande einen Fanclub. Die »dritte Welt« war der Liebling der 68er in der alten Bundesrepulik, die Solidaritätsbewegungen wucherten. In den Siebzigern regneten die Rezepte der Wohlmeinenden auf die Staaten der sogenannten dritten Welt nur so herab. Der arme Süden der Erde war nicht nur Thema der Nord-Süd-Kommission, sondern der zahlreichen Gruppen und Grüppchen an der sogenannten Basis, die den Traum von einer gerechten Welt träumten. Wie schön das Engagement für die Armen und Ausgeplünderten in der Ferne, denen man als Wiedergutmachung für Rassismus und Kolonialismus zur Seite stehen wollte.

Zwar waren die so uneigennützig Solidaritätsbewegten an den Graswurzeln interessiert, aber der Rasen sollte dann doch nach ihrer Fasson wachsen. Und nicht selten machten sie die von ihnen mit Ratschlägen und politischer Weisheit Beglückten zu neuen »Opfern«, diesmal zu Opfern ihrer tiefen Enttäuschung, wenn die Dinge nicht den als beispielhaft gepriesenen Verlauf nahmen. Afrika mit europäischen Augen sehen, das war und ist noch heute allzuoft der Blickwinkel der selbsternannten Experten und Besserwisser.

Dieses Vereinnahmen des Anderen, des Fremden hat sich Frank Böckelmann in seinem Buch »Die Gelben, die Schwarzen, die Weißen« mutig vorgeknöpft:«Ich schlage vor, diese neuartige Vormundschaft über die Welt, die per Selbstanklage und Reue ausgeübt wird, geständigen Imperialismus zu nennen. Früher kamen wir als Eroberer über die Fremden, heute führen wir sie bußfertig auf uns zurück.« In Böckelmanns Spiegel entdeckt manch Gutwilliger zur eigenen Überraschung sein Bild als das eines gut getarnten Rassisten.

»Solidarität« ist ein Wort, das – anders als im Westen Deutschlands – in der DDR für viele einen »verordneten« Klang hatte. »Soli« hieß der (in der Höhe) freiwillige Betrag, den Mitglieder des FDGB an die Gewerkschaft abführten. Was mit dem Geld konkret geschah, blieb den Zahlern verborgen. Die Afrikapolitik der DDR wie der Bundesrepublik blieb Produkt des Blockdenkens. Die Fessel bundesrepublikanischer Politik für die Afrikaner hieß von 1955 bis zur Entspannungspolitik 1969/70 »Hallstein-Doktrin«. Benannt nach dem damaligen Staatssekretär im Auswärtigen Amt Walter Hallstein, drohte sie allen Staaten, die etwa auf die Idee kommen sollten, die DDR völkerrechtlich anzuerkennen, mit dem Abbruch der diplomatischen Beziehungen. Das mochte mit Ausnahme Sansibars kein afrikanischer Staat riskieren, ging es doch auch ums Geld. Die Bundesrepbulik zog nicht zuletzt politischen Nutzen daraus, daß sie solvent war. Doch Ost-Berlin umging im Verhältnis zu den Afrikanern mit einem Netz nichtstaatlicher und halbstaatlicher Kontakte die von Bonn aufgebaute Hallstein-Falle. Die DDR genoß daher bereits einiges Ansehen, als sie nach ihrer Anerkennung durch die meisten Staaten offiziell daranging, in Afrika aktiv zu werden. Nach staatlicher Lesart leistete sie aber keine »Entwicklungshilfe«, sondern »sozialistische Wirtschaftshilfe«, was immer das über die Entsendung von Experten hinaus bedeutete. Ost-Berlin suchte und fand Verbündete in den Staaten, die ideologisch auf Linie lagen – vor allem Äthiopien, Mosambik und Angola – und unterhielt rege Kontakte zu Befreiungsbewegungen wie dem ANC Südafrikas und der Swapo Namibias. Erich Honecker pflegte persönlich die Beziehungen zu Mosambik, wo ihm die Errichtung eines Karl-Marx-Denkmals in der Hauptstadt als »Herzenssache« galt. Beiden Seiten ging es um Einfluß im Kampf der Systeme: der DDR als »Juniorpartner« Moskaus im Kampf gegen den Kapitalismus, der Bundesrepublik als Partner des Westens im Kampf gegen den Kommunismus.

Bis zur Wende steckte die deutsche Afrikapolitik in der Zwangsjacke der Bipolariät, wenn auch am Schluß nicht mehr so fest verschnürt. Mit der Vereinigung bot sich die Chance zu einem Neubeginn. Gleichzeitig aber sank das Interesse an Afrika und wandte sich dem neuen Aufgabenfeld Osteuropa zu. Ein »Restposten« der DDR-Afrikapolitik waren die Vertragsarbeiter aus Mosambik, deren schnelle »Entsorgung« in die Heimat man sich nun angelegen sein ließ.

Das Medienbild Afrikas wurde in den neunziger Jahren weiter von negativen Schlagworten geprägt, zumal sie sich gut unterfüttern ließen: Schwarzer Kontinent, Hunger- oder Krisenkontinent waren die Etiketten, auf die kaum ein Bericht verzichtete. Bei Kriegen, Korruption, Flüchtlingen, Aids und Armut hält der Kontinent in der Tat Rekorde, die ihm kein anderer streitig machen mag. Seit 1970 gab es mehr als 30 Kriege. Nirgendwo sterben heute mehr Menschen in gewaltsam ausgetragenen Konflikten und nirgendwo mehr an Aids. Acht Millionen Flüchtlinge, so viele Menschen wie die größten Metropolen der Erde Einwohner haben, hausen im Nichts oder ziehen umher. Ein Kontinent der Witwen, Waisen und Entwurzelten?

Dagegen stehen Erfolge etlicher Staaten auf den Feldern Demokratie und neuerdings Ökonomie. Es tummeln sich in Afrika nicht nur Kriegstreiber, Korrupte und Autokraten. Nach manchem Gespräch mit Afrikanerinnen und Afrikanern, auch solchen an der Regierung, wundert man sich, daß nicht größere Teile des Kontinents längst besser dran sind. Doch das vorhandene »menschliche Kapital« ist von zweifelhaftem Börsenwert und die politische Rendite unsicher. Noch dazu in Gesellschaften im Übergang, die auf Konditionen einer Weltwirtschaft stoßen, mit denen selbst viel besser präparierte Industriestaaten zu kämpfen haben. Abseits der Eliten aber, abseits der großen Städte, leben Millionen Afrikaner in ihren kulturellen Zusammenhängen jenseits des Staates, und wenn sie ein Markt interessiert, dann jener der »kleinen Dinge«, die sie für den Alltag brauchen. Das ist kein Grund, ein Loblied aufs »einfache Leben« anzustimmen, eher einer zu erkennen, wie sehr das »global village« eine wohlfeile Fiktion unserer (Internet)-Welt ist.

Mit dem Fall der Berliner Mauer und dem Zusammenbruch des Kommunismus setzte die »Marginalisierung Afrikas« (neues Schlagwort) ein, aber keineswegs das Ende der Besserwisserei. Im Gegenteil, angesichts der regionalen Konflikte und Kriege, die nun die vom Beton der Blöcke befreite Welt erfaßten, wurde gar der Ruf nach »Rettung durch die Weißen« (»Spiegel«-Titel 1993) und einer Treuhandschaft laut, mit der zerfallende Staaten unter Kuratel gestellt werden sollten. Als stark gebärden konnten sich manche Staaten Afrikas, die es vielleicht nie waren, nach der Unabhängigkeit nur dank der Kalten Krieger beider Seiten, die sie stützten. Jetzt zerbröselte vielerorts, was nie richtig zusammengewachsen war. Es krachte im Gehäuse des so eifrig propagierten nachkolonialen nation-building, das in fremden Grenzen vonstatten gegangen war.

Am Ende der nicht nur in Afrika turbulenten neunziger Jahre ist klar, wie gründlich sich die Protagonisten einer neuen Weltordnung übernommen haben. Der von US-Präsident George Bush als Glanzlicht der Menschlichkeit zum Ende seiner Amtszeit 1992 angeordnete Einsatz in Somalia war die erste militärische Intervention aus humanitären Gründen unter UN-Flagge. Er ebnete aber nicht der von vielen erhofften neuen UN-Ordnung den Weg, sondern ließ letztlich Unordnung in Somalia wie in den Köpfen der Retter zurück, denen er ihre Grenzen aufgezeigt hatte. Der Schock von Somalia hatte verhängnisvolle Folgen und wirkt noch heute nach. Als in Ruanda 1994 der Völkermord an den Tutsi begann, hieß die Devise nur noch: Rette sich, wer kann.

In der Debatte um Interventionen der Vereinten Nationen, die von Bosnien bis Somalia überall Feuerwehr spielen sollten, wurde ebenso mit harten Bandagen gekämpft wie beim Ringen zwischen Europas Osten und dem Süden der Welt um die Töpfe der Entwicklungshilfe. Opfer wurden gegeneinander aufgerechnet und ausgespielt. »Sind weiße Tote mehr wert als schwarze?« provozierte ein Afrika-Experte hierzulande. Ein »Verteilungskampf« bis auf den Tod.

»Wenn man nicht aufpaßt, kann eine kommende Generation erleben, daß aus Hunger Krieg wird« – Willy Brandts Mahnung von 1980 ist heute nicht nur in jenem Teil der Erde

Realität, der damals »dritte Welt« hieß. Und wer sich die Aufpasser-Rolle anmaßen will, dem entgleitet sie rasch. In den politischen Stürmen nach 1989 ist das ohnehin dünne Netz des Staates mancherorts in Afrika gerissen. In seinen Resten nisten lokale Kriegsfürsten, haben sich mafiöse Strukturen eingerichtet, wird Profit gemacht – ob mit Bodenschätzen oder (wenn nichts anderes da ist) blankem Elend – und der Hunger als Waffe eingesetzt.

Ein Platz auf der Hitliste weltweiter Probleme ist Afrika deshalb nicht sicher. Da steht anderes obenan: die asiatische Krise, die russische Krise, die europäischen Krisen innerhalb und außerhalb des künftigen Euro-Landes oder die (Dauer)-Krise der Arbeitslosigkeit in Deutschland.

Trotz alledem (erstaunlich genug!) hat Afrika in Deutschland noch eine Lobby. Mittlerweile entdeckt man – nach Schweigepausen – etliche der alten Kämpfer in Sachen Afrika- und Entwicklungspolitik mit neuen Denkansätzen und jüngeren Mitstreitern wieder. Das Scheitern mancher bis dato propagierten Strategien, Afrikas »verlorenes Jahrzehnt« des ökonomischen Fortschritts in den achtzigern, haben Spuren hinterlassen. Nicht wenige versuchen nun pragmatisch – wie auch Teile der afrikanischen Eliten –, statt sich am Gestern festzuhalten, die Chancen heute auszuloten. Warum nicht Wandel durch (fairen!) Handel? Privatinvestitionen, etwa im südlichen Afrika, sind nach dem Ende der Apartheid keineswegs mehr des Teufels. Man wünscht die Investoren geradezu herbei. Einerseits. Andererseits aber soll dem globalen Wildwuchs der Marktkräfte das Terrain denn doch nicht überlassen bleiben. Gebastelt wird an Strategien, wie sie seit dem Rio-Gipfel im Schwange sind, Großunternehmen in ein Konzept globaler nachhaltiger Entwicklung einzubinden. Was auf dem Feld der Ökologie etlichen Konzernen mittlerweile als Kauf- und Werbeargument gilt, wird nun auch in anderen Bereichen getestet. So startete »Brot für die Welt« eine Kampagne, die Ölkonzernen die Verpflichtung zur Wahrung der Menschenrechte abtrotzen soll. Das Fernziel: Eine Art »Ethik-Siegel« für diese mächtigen Händler mit dem schwarzen Gold, das gerade in Afrikas Erde so reichlich lagert.

Auch an Ideen für die Zukunft deutscher Entwicklungshilfe herrscht kein Mangel. Vor den Bundestagswahlen 1998 meldeten sich mehr als 200 Organisationen und prominente Mitstreiter mit einem entwicklungspolitischen Manifest zu Wort. Das »Memorandum '98« fordert neue Instrumente und ein besseres Bündeln der Mittel und Kompetenz, um für die weltweiten Herausforderungen gewappnet zu sein. »Global governance« heißt das neueste Schlagwort, das für »gutes« Politikmanagement dieser Erde steht und mittlerweile die Expertenzirkel verläßt. Neue Visionen also, sicher auch neue Illusionen.

Die Zeit des großen Schweigens aber scheint vorbei, die der falsch verstandenen Solidarität auch. Es war gewiß nicht die offizielle Politik, die in der Frage der Menschenrechtsverletzungen die Maßstäbe geradegerückt hat. Zwar sollte die neue Ordnung für den Globus, die Washington nach dem Ende des Kalten Krieges auf den Schild hob, Demokratie und Menschenrechten zum Durchbruch verhelfen. Schnell aber stellte sich heraus, daß die Meßlatte vor allem dort in aller Strenge angelegt wurde, wo ökonomische oder politische Bedeutung eher gering waren. Amnesty international hat 1998 nicht weniger als zwei Dritteln aller Staaten der Erde Verstöße gegen Menschenrechte vorgeworfen. Und mit der Einschätzung, daß Menschenrechte weiter eine Nebenrolle spielen, weil die Politiker vor allem wirtschaftlichen, militärischen oder geopolitischen Interessen folgen, steht amnesty nicht allein.

Weniger die offizielle Politik hat also für Wandel gesorgt. Es waren zum Beispiel die Bürgerrechtsbewegungen, die ihre Erfahrungen jenseits des Eisernen Vorhangs gemacht haben, die für neues Nachdenken, für den längst fälligen Abschied von Heuchelei sorgten. Jene Besserwisser, die Folter, politisch begründete Verhaftungen und Morde im Namen welchen Entwicklungsmodells auch immer zu entschuldigen suchten, stehen heute einsamer da. Und überall auf der Welt lassen sich engagierte Frauen nicht mehr einreden, sie hätten, besonders wenn sie weiß sind, die Verstümmelung weiblicher Sexualorgane durch Beschneidung, wie sie in Afrika noch praktiziert wird, als »kulturelle Eigenart« zu tolerieren.

Im vergangenen Jahrzehnt hat sich der alte Spruch »global denken, lokal handeln« schleichend mit neuer Bedeutung gefüllt, auch in Europa. Galten früher die Werber für »eine Welt« als Spinner, so spinnt man heute auf allen Ebenen, denn alles ist »globalisiert«: die Welt der Wirtschaft, der Banken und Börsen ebenso wie die der Konkurrenten um Märkte und Arbeitsplätze, der Information und Desinformation, der Armen als Produktionsfaktor und der Flüchtlinge als Krisen- und Katastrophenfaktor. An dieser »einen Welt« spinnen heutzutage interessierte Kreise in Wirtschaft und Politik nur allzu gern mit. Geeint aber wird da nichts, sondern fleißig weiter gespalten. »Die wichtigste Tatsache der gegenwärtigen Zeit ist weder die Atombombe noch der Zusammenstoß der Kulturen. Es ist die Ungleichheit im Weltmaßstab«, schreibt Ryszard Kapuściński, der polnische Autor und Afrika-Reporter. Die Kluft zwischen Arm und Reich habe sich als tiefer und dauerhafter erwiesen, als in der Euphorie der Entkolonialisierung geglaubt. Damals seien die Führer der Dritten Welt und ihre Anhänger überzeugt gewesen, sie könnten die Spaltung zwischen Arm und Reich, zwischen Nord und Süd in einer ungeheuren antiimperialistischen Revolte angreifen und beseitigen. Kapuścińskis nüchterne Bilanz heute: »Wenn sich aus all den gescheiterten Revolutionen des 20. Jahrhunderts eine Lehre ziehen läßt, aus dem Kommunismus, dem panafrikanischen oder panarabischen Sozialismus, dann lautet sie: ›Es gibt keine

Abkürzung in die Zukunft. Der ideologische Weg in die Utopie ist trügerisch. Er ist nicht gangbar, nicht praktikabel.‹« In der Konsequenz sei die Geschichte in ihre »pragmatische Phase« eingetreten: »Die Menschen versuchen zu tun, was funktioniert. Sie tun, was sie können.«

Kann man Experte(in) für Afrika sein? Da allein Schwarzafrika 48 Staaten und 1 000 bis 1 500 Völker (oder Ethnien) sowie ebenso viele Sprachen und kulturelle Traditionen zählt, erledigt sich die Frage von selbst. »Afrika gibt es nicht«, hat der Schweizer Journalist Georg Brunold als Titel für sein Buch gewählt. Der Begriff »Afrika« wird hier dennoch benutzt. Europäer reden schließlich auch von Europa und meinen damit ein sehr komplexes, vielfältiges, widersprüchliches Gebilde und Gefüge. Afrika – das bezeichnet hier überwiegend Schwarzafrika oder Subsahara-Afrika unter Einschluß des früheren »Sonderfalls« Südafrika, denn das Land am Kap hat sich nach dem Ende der Apartheid dem Kontinent, auf dem es liegt, mit neuem, anderem Interesse zugewandt.

Als Journalistin kann man, so zahlreich die Begegnungen mit Afrikanern auch sind, nur ein recht subjektives Mosaik aus Bildern und Einschätzungen zusammensetzen – Irrtum inbegriffen. Als ich Anfang der achtziger Jahre in Simbabwe zum ersten Mal schwarzafrikanischen Boden betrat, galt dieses Land vielen als Modellfall, als Hoffnungsträger par excellence. Die Entwicklung, die es unter Präsident Robert Mugabe genommen hat, ist im Vergleich zu anderen zwar kein krasser Mißerfolg, aber die schönen Hoffnungen haben sich auch nicht erfüllt. Mugabe gehört mittlerweile zu den Dinosauriern an der Macht, von der er gleichwohl nicht lassen mag. In Tansania gelang Julius Nyerere, dem Verkünder der Ujamaa (in der Arusha-Deklaration von 1967 formuliertes Prinzip eines Basis-Sozialismus), das Kunststück, aus der Regierung auszusteigen und doch mächtig zu bleiben. Aber als ich das ostafrikanische Land 1985, kurz vor seiner Abdankung als Präsident, besuchte, lautete der respektlose Kommentar junger Tansanier über den alten »Mwalimu« (Lehrer) sinngemäß schon: »Nyerere? Bla, bla, bla.« Inzwischen hat Lehrer Nyerere die »Ujamaa« selbst zu einer Lehre erklärt, die ihre »Nützlichkeit überlebt« habe.

Zugegeben: meine erste Reise nach Simbabwe war eine Art Einstiegsdroge. Es erging mir wie vielen, die sich einmal auf das Abenteuer Afrika eingelassen haben, es erzeugt Nähe und Befremden, aber kaum Gleichgültigkeit. Für den schwarzen amerikanischen Journalisten Keith B. Richburg liegt der Kontinent »Jenseits von Amerika«. Liegt er auch »Jenseits von Europa«? Der Westen, so meint der nigerianische Schriftsteller Chinua Achebe, sehe Afrika nach wie vor als »eine Art Antithese«. Und doch ist es Europa so nahe, daß Senegals ehemaliger Präsident Leopold Senghor meinte, die beiden Kontinente seien wie am Nabel zusammengewachsen. Stimmte dieses Bild, ein Abnabeln wäre nötig – und sei es nur, um aus der Distanz den Satz Otto von Bismarcks richtig zu erfassen: »Meine Karte von Afrika liegt in Europa.«

Afrika ist nicht unser Baby, es ist unser Nachbarkontinent. Und auf ihm haben sich im Jahrzehnt nach dem Kalten Krieg nicht nur Tragödien wie in Somalia, Liberia oder Ruanda abgespielt. Aber Keith Richburgs Wut wuchs an diesen Orten des Grauens. Angeekelt dankte er Gott zum bösen Schluß seiner Jahre in Nairobi, daß seine Vorfahren als Sklaven nach Amerika verfrachtet wurden, weil ihn das davor bewahrt habe, im heutigen Afrika leben zu müssen. Starker Tobak, mit kräftigen Spurenelementen einer Haltung versetzt, die bei Weißen ohne Zögern Rassismus genannt würde? Oder jene ehrliche Abrechnung mit Afrika, auf die viele schon lange gewartet haben? Beides! Richburg geht als schwarzer Amerikaner mit »Mutter Afrika« ins Gericht, und man kann ihm den Zorn nachfühlen, aber es handelt sich nicht durchgängig um gerechten Zorn.

Denn außer Leichengestank gab es auch frischen Wind auf dem Kontinent. Die Demokratiebewegung hatte bei etlichen Rückschlägen Erfolge zu verzeichnen. Ein ziviles Netz von Gruppen und Grüppchen ist entstanden, die das verbreitete Vorurteil widerlegen, Demokratie und Menschenrechte seien nichts für Afrika. Der politische Aufbruch Südafrikas, den niemand in den achtziger Jahren vorauszusagen gewagt hätte, ist nur ein Beispiel dafür, was Afrikaner vermögen. »Afrika ist ein einziger Platz und zugleich viele einzelne Plätze«, sagt Chinua Achebe. So steht der historischen Wende am Kap eine Zunahme von Gewalt anderswo gegenüber. Und selbst in Südafrika ist Versöhnung nur ein Wort. Dennoch: Wer in Afrika nur Sumpf und Chaos sieht, der hat so wenig recht wie jener, der Europa den Untergang prophezeit wegen der Krisen und Kriege im Osten Europas und in den Staaten der ehemaligen Sowjetunion nach dem Ende der Blöcke.

Tatort Afrika

Afrika ist ein Meister in der Verschwendung von Zeit, Geld, Tatkraft und Können.
Axelle Kabou

Tatort Afrika – das klingt nach Krimi. Auf die Gefahr hin, daß Leserinnen und Leser abspringen: In diesem Metier ist das Fernsehen besser. Afrika bietet selbst der Seriosität verpflichteten Nachrichtensendungen den Stoff, aus dem der Horror ist – eine endlose Bilderfolge von Krisen, Krieg und Katastrophen. Ob Somali, Liberianer, Kongolese, Hutu oder Tutsi: Ursache und Wirkung, Täter und Opfer verschwimmen. Das Bild bleibt »dunkel«, Tatort Afrika – immer gut für Gruseliges frei Haus. Und wenn mal ein Reporter aufbricht für das deutsche Fernsehen, den friedlichen Alltag einzufangen im friedlichen Tansania, wie im Sommer 1998, dann wird selbst dieses gutgemeinte Unterfangen zur Reise in eine Katastrophe, weil vor den US-Botschaften in Daressalam und Nairobi Bomben hochgehen.

In diesem Buch geht es um den Versuch einer politischen Spurensuche, einer Analyse also, im Jahrzehnt nach dem Ende des Kalten Krieges, nicht ums Kommissar spielen. Zumal die Zeit der einfachen Schuldzuweisungen und fixen Urteile vorüber ist. Auch in Afrika selbst. Die Westafrikanerin Axelle Kabou hat den Wald der Klischees so gründlich abgeholzt, daß sich niemand mehr im Stande bloßer Unschuld hineinwagen kann. Kabou galt manchen in Afrika zunächst als »Nestbeschmutzerin«. Dabei wollte auch sie mit ihrem im Stil eines Pamphlets geschriebenen Buch (Deutsch: »Weder arm noch ohnmächtig – eine Streitschrift gegen schwarze Eliten und weiße Helfer«) den Kontinent und seine Bewohner zu Anfang der Neunziger »befreien«. Aber zuvörderst vom Bild der »edlen Wilden«, die auf ewige Zeiten bloße

Opfer der Sünden des Kolonialismus sind. Eben deshalb ist der Versuch einer Recherche nach den Hauptakteuren, den »Tätern«, im heutigen Afrika kein spannungsfreies Unternehmen.

Tatort Afrika – das steht für einen Kontinent im Übergang, auf dem sich alle Arten von Tätern tummeln. Afrika war Tatort der Kolonialisten und Sklavenhändler. Letztere waren schon damals nicht nur weiß, und etliche postkoloniale Politiker erwiesen sich in Sachen Raffgier den weißen Kolonialisten durchaus ebenbürtig. Wer aber sind heute die Täter? Jene, die wie zu Kolonialzeiten Bodenschätze abzapfen oder um jeden Preis Geschäfte – auch mit Kriegsgerät aller Art – machen, gibt es noch immer. Eine schillernde Tätergruppe vom skrupellosen einzelnen »Geschäftsmann« bis zur skrupellosen Regierung liefert die Werkzeuge. Aus östlichen Arsenalen vagabundieren nach dem Ende des Kalten Krieges genug Waffen herum. Zwar üben auch Söldner und die neuen privaten »Sicherheitsdienste« ihr »Handwerk« aus. Aber zumeist sind es die Afrikaner selbst, die das Blutvergießen erledigen.

So hat der Völkermord in Ruanda von 1994 auch tiefe Wurzeln in der Kolonialzeit. Deutsche wie Belgier importierten ihre »Rassenideologie«, sahen sie doch dafür in Ruanda und Burundi mit der »hellhäutigen Herrscherkaste« der Tutsi und der schwarzen tributpflichtigen Klasse der Hutu-Bauern einen idealen Nährboden. Auch später hat ausländische Einmischung eine Rolle gespielt. Das alles aber ändert nichts daran, daß es Afrikaner waren, die das Abschlachten von mindestens einer halben Million Menschen geplant, dazu aufgehetzt und den Genozid schließlich ausgeführt haben. Sie haben sich einer Propaganda bedient, die an die Nazis in Deutschland oder bestimmte serbische Politiker im Krieg in Ex-Jugoslawien erinnert. Doch die Täter, die jetzt massenweise in ruandischen Gefängnissen sitzen oder sich vor dem internationalen Tribunal in Arusha zu verantworten haben, entlasten jene nicht, die sich durch Unterlassen schuldig gemacht haben und vor keinem Gericht angeklagt werden: Diese Mitschuldigen sitzen im Sicherheitsrat der Vereinten Nationen, in Europa und den USA. Von den Tätern schließlich, die später in den Hutu-Flüchtlingslagern Ostzaires oder im Regenwald Massaker anrichteten, redet außer einem UN-Report, der nur Bruchstücke der Wahrheit erforschen konnte, und einigen Menschenrechtsorganisationen kaum noch jemand. Sie morden in Kongo heute auf verschiedenen Seiten der neuen Kriegsfront weiter.

Selbst zur Tat schreiten sollen die Afrikaner künftig bei Konflikten auf dem Kontinent. Washington hat nach den Schrecken des Einsatzes in Somalia die Devise ausgegeben: Kein US-Soldat soll mehr in Afrika sterben. Afrikanische Soldaten werden statt dessen trainiert, finanziert und mit Material für eine eigene Truppe in Sachen »Krisenreaktion« beliefert. Und Frankreich, von der Idee zunächst nicht begeistert, macht mit. Was immer aus dem Eingreifkommando zur Sicherung der pax africana wird, in der Zwischenzeit gehen einige afrikanische Staaten in nicht eben friedenstiftender Weise selbst zur Sache. Mit Krieg suchten nicht nur Äthiopien und Eritrea ihr Grenzproblem zu lösen. In der Demokratischen Republik Kongo griffen im Herbst 1998 mindestens sechs Staaten auf unterschiedlichen Seiten ein. Keine Friedensmission, sondern ein Kampf um jeweils eigene Interessen. Der Riß im Fall Kongo geht gar durch jene 14 Länder, die sich nach dem Vorbild der Europäischen Union über das südliche Afrika hinaus zu einer Gemeinschaft wirtschaftlicher und politischer Kooperation, der SADC, zusammengetan haben. Der neue Hoffnungsträger für den Kontinent, ausersehen auch in der Krisenprävention eine Hauptrolle zu spielen, gerät da ins Wanken. In Zentralafrika wird neuerdings Politik und notfalls auch Krieg im Alleingang (ganz ohne Washington, Paris, London oder Brüssel) gemacht. Selbst ein Nelson Mandela, in den USA und Europa als Repräsentant der neuen Vormacht auf dem Kontinent gesehen, hatte im Kriegsfall Kongo nicht viel zu melden.

Schießen also die Afrikaner im wahrsten Sinne des Wortes künftig ihre Probleme selbst aus? Angola, eine neue Regionalmacht mit schlagkräftigem Militärapparat, hat seine Interessen in jüngster Zeit mehrfach mit Waffengewalt durchgesetzt. Grenzen, obwohl ungeliebtes Erbe der Kolonialzeit bisher heiliges Gut, spielen nach der Massenintervention in Kongo nur noch auf Landkarten eine Rolle. Und vielleicht bald nicht einmal mehr dort. Diese Wendung haben weder die Afrika-Stäbe Europas noch der USA erwartet. Feindselig schallte es aus Kongo an die Adresse von Europäern wie Amerikanern: Laßt Afrika endlich in Ruhe!

Auch den Waffengang zwischen Eritrea und Äthiopien im Juni 1998 wegen eines kleinen Landzipfels haben gewiß nicht die USA oder eine andere Macht von außen angezettelt. Washington war jedoch schlecht beraten, beide Staaten mit militärischem Material zu bedienen, das eigentlich zum Einsatz gegen den islamistischen Feind Sudan bestimmt war. Zur Schadenfreude der Regierung in Khartum kehrten die verfeindeten Brüder aber die Waffen gegen sich selbst. Diese Überraschungstäter am Horn von Afrika hatten seit ihrer gütlichen Scheidung 1993, bei der Eritrea die Unabhängigkeit von Äthiopien erlangte, nicht zuletzt der US-Regierung als Hoffnungsträger des neuen Afrika gegolten.

Steht eine »blutige Wiedergeburt« des Kontinents bevor, wie der deutsche Afrika-Experte Winrich Kühne glaubt? Der Konfliktforscher sieht einen »Flächenbrand von Angola bis Eritrea« um sich greifen und prophezeit dem Kontinent einen ungemütlichen Übergang ins 21. Jahrhundert. Ein Chaos »wie in Mitteleuropa während des Dreißigjährigen Krieges«, bei dem wechselnde Zonen der Gewalt, in denen Warlords (lokale Kriegsfürsten) herrschen, »Zonen begrenzten Friedens« gegenüberstehen. Ist es wieder soweit, daß Afrika gleichgesetzt wird mit Anarchie? Dabei hatte US-Präsident Bill Clinton erst kurz zuvor im Frühjahr 1998 den Kontinent und seine »guten Buben« an der Macht als eine Art »Supermarkt der Hoffnungen« gepriesen. Plötzlich scheint die Politik der »afrikanischen Lösungen für afrikanische Probleme« ein anderes Gesicht zu enthüllen als erwartet.

Immer größere Teile Afrikas machen sich frei von alten Rücksichten, Ratschlägen von außen und sogar Grenzen. Doch zum Schrecken der US-Amerikaner wie Europäer, die Selbständigkeit gefordert haben, steckt dahinter (zumindest derzeit und im Fall der Demokratischen Republik Kongo) nicht die am Kap geborene Vision der »afrikanischen Renaissance«, die dem Kontinent zu eigener Stärke und eigenem Gewicht auf dem Sprung ins neue Jahrtausend verhelfen soll. Es sind keine Allianzen für Frieden und Prosperität, die mit oder gegen Kongo geschlossen werden, sondern Männerbünde nach alter Art zur Sicherung der eigenen Macht- und Einflußzonen oder zur Errichtung von »cordons sanitaires«, Schutzzonen wider rebellische Umtriebe, die im politischen Vakuum des riesigen Nachbarlands ausgebrütet werden. Rächt sich nun, daß die westliche Politik in Afrika wieder nur auf »starke Männer« gesetzt hat und damit zeigt, daß sie offiziellen Bekundungen zum Trotz kein allzu großes Vertrauen in die langsame Etablierung demokratischer Strukturen und Institutionen hat?

Doch selbst der Blick auf »gute, demokratisch gewählte Regierungen«, die es schon richten werden, verengt die Sicht. Kennzeichen der ersten Dekade nach dem Ende des Kalten Krieges sind der fast ungebremste Machtzuwachs der ökonomischen Giganten, die nun weltweit freie Bahn haben, und die Abnahme staatlicher und politischer Gestaltungsfähigkeit. Geballter Kapitalismus also, eine mächtige Kugel, die überallhin rollt. Afrika, in den achtziger Jahren von Ökonomen abgeschrieben, lockt Ende der Neunziger plötzlich wieder. Aber womit? Leicht läßt sich das magere Wirtschaftspotential für den globalen Investor neuen Zuschnitts nicht aufblähen. Dafür aber reizt die Schatztruhe unter Afrikas Erde – immer noch oder schon wieder. Und beim Spiel ihrer globalen Interessen gehen weltweit operierende Konzerne nicht nur in Afrika längst über staatliche Strukturen hinweg. Wenn Staaten sich auflösen, muß das den Gang der Geschäfte nicht negativ beeinflussen. Angesichts knapper werdender Energieressourcen mobilisiert die Entdeckung potentiell riesiger Ölquellen vor der Südwestküste Afrikas – und nicht nur dort – schlagkräftige ökonomische Truppen. Ob ein Land Chevron- oder Elf-Land wird, ob also dieser oder jener Konzern die Konzession zum Ölpumpen erhält, ist letzlich wichtiger als die Frage, wie demokratisch es regiert wird. Beim Run auf die Ressourcen interessiert nur, wer den Schlüssel zu ihnen hat und den Zugang sichert. Funktionierende Staaten sind dabei angenehmere Partner, nicht zwingende Voraussetzung. Sicherten früher staatliche Armeen die reibungslose Ausbeutung der Rohstoffe, so kann man heute dafür ebensogut Söldner und Sicherheitsdienste anheuern und einsetzen. Schließlich gibt es im Wortsinn »ein Heer« arbeitsloser, hungriger oder schlecht bezahlter Soldaten auf dem Kontinent – nicht zuletzt nach dem Ende des Apartheidstaats im südlichen Afrika. »Executive outcome« heißt die Firma in Südafrika, die »Personal« für alle Fälle an Regierungen wie Firmen vermittelt, die ordentlich zahlen. Doch auch auf diesem »Markt« herrscht Konkurrenz. So haben die USA seit dem Ende des Kalten Krieges ihre Militärhilfe verstärkt »privatisiert« und an Dienstleister wie Military Professional Resources Incorporated (MPRI) vergeben, das von ehemaligen Pentagon-Angehörigen und Offizieren geführt wird. »Die geopolitischen Mittel haben sich verändert, aber die Regierungen begreifen nach wie vor die Interessen ihrer Konzerne als ihre eigenen«, schreibt Peter Lock in seinem Beitrag »Privatisierung der Sicherheit oder private Militarisierung?« für das Afrika-Jahrbuch 1997. So habe die US-Regierung Druck auf Angola ausgeübt, den US-Sicherheitsanbieter statt der südafrikanischen Konkurrenz zum Zuge kommen zu lassen. Dabei gibt es angesichts der Ölbonanza Arbeit genug für die rivalisierenden »Sicherheitsdienste«, zu denen auch die auf der britischen Insel Jersey residierende Gurkha Security Ltd. zählt.

Ölkonzerne schrecken – wie das Beispiel des gewaltsamen Machtwechsels in Kongo/Brazzaville 1997 zeigt – auch nicht davor zurück, ihnen genehmen Politikern diskret zur Schlüsselgewalt über die Rohstoffschatztruhe zu verhelfen. Tatort Afrika, da wird für Öl mitunter ordentlich geschmiert, funktioniert ein Machtwechsel im Zweifel wie ein Ölwechsel. So schildern Stefan Brüne und Andreas Mehler (»Die neue französische Afrikapolitik«, Afrika-Jahrbuch 1997) anschaulich den »Ölkrieg« in Kongo/Brazzaville. Dort hatte sich der 1992 gewählte Präsident Pascal Lissouba quergelegt zu den Interessen des französischen Ölkonzerns Elf und im Bestreben nach »Unabhängigkeit« den Markt auch für die angelsächsische – sprich amerikanische – Konkurrenz geöffnet. Elf übte zusammen mit Paris Druck aus, wartete ansonsten aber ab und investierte weiter kräftig in seine off-shore-Ölfelder. So kontrollierte der Konzern 1995 die Erdölproduktion zu 80 Prozent. Als der ehemalige ebenso Paris- wie Elf-freundliche Diktator Denis Sassou-Nguesso 1997 mit Unterstützung Angolas sich in nur vier Monaten die Macht zurückholte, hielt sich Frankreich, das sich nach den Ereignissen in Ruanda und Zaire eine neue Afrikapolitik verordnet hatte, mit einer Intervention zurück. Den Grund dafür sehen Brüne und Mehler aber nicht allein in dieser Reform, viel mehr lagen die »französischen Interessen im wesentlichen unter dem Meeresboden« und waren so von den Kämpfen nicht tangiert. Sassou-Nguessou empfing schon einen Tag nach seiner Machtergreifung den Elf-Generaldirektor und dinierte zwei Monate später in Paris in aller Vertraulichkeit mit Präsident Jacques Chirac. Kongos abgesetzter Präsident Lissouba aber, der behauptete, die französischen Ölbosse hätten den Krieg seines Gegners mit 250 Millionen US-Dollar alimentiert und logistisch unterstützt, scheiterte mit seiner kühnen Klage gegen Elf wegen »Beihilfe zum Staatsstreich«. Sie wurde postwendend von der Pariser Staatsanwaltschaft als unzulässig abgewiesen. Die weitgehend abgeschlossene Privatisierung französischer Rohstoffkonzerne sieht Peter Lock gar in Zusammenhang mit dem Abbau des französischen Truppenkontingents in Afrika. Hätten früher Frankreichs Soldaten auch als »Schutztruppe« staatlicher Konzerne in Afrika auftreten müssen, so sei das »kaum verhüllte Zusammenspiel zwischen Militär und Staatskonzernen« nun beendet. Schutz hat sich der private Rohstoffausbeuter zwar auch früher privat gekauft, aber seit dem Ende des Kalten Kriegs hat sich der Bedarf an dieser Art »Dienstleistung« noch beträchtlich ausgeweitet.

Was sich im Zusammenhang mit der Ausbeutung und Vermarktung der Ressourcen Afrikas in einigen Staaten in den neunziger Jahren abgespielt hat, liest sich – läßt man die trockene Sprache der Wissenschaft beiseite – in den Analysen etlicher politischer Beobachter, Konfliktforscher und Afrikanisten wie ein Gruselstück, das bekannte Schrecken der Vergangenheit mit nicht weniger schrecklichen Zukunftsvisionen mischt. Sie sehen eine »neue politische Ökonomie«, die gewaltsam durchgesetzt wird und als deren »Manager« Warlords auftreten, heraufziehen. »Heute kann man die meisten bewaffneten und innergesellschaftlichen Konflikte in Afrika eher als eine besondere Produktionsweise beschreiben, als sie mit den klassischen Kategorien des Krieges zu fassen«, schreibt Peter Lock. An anderer Stelle spricht er von einer »neuen Positionierung afrikanischer Ressourcen auf dem Weltmarkt«, die durch bewaffnete Konflikte vorangetrieben werde. Der Warlord neuen afrikanischen Stils wird nach Absolvieren einer »kriminellen Karriere«, in deren Verlauf er sich mit Hilfe seiner oft jugendlichen Gunmen wirtschaftliche Macht (mittels Raub, Mord, neuen Formen der Sklavenarbeit oder auch Drogenhandel) verschafft hat, als starker Mann mit Talent zu unterschiedlichen Rollen beschrieben: Feldherr und Protektor, populistischer Manipulator und politischer Führer sowie nicht zuletzt Monopolunternehmer.

Nach Beispielen dafür, daß diese Figur nicht einer Fiktion entsprungen ist, sondern der afrikanischen Wirklichkeit der neunziger Jahre, muß man nicht lange suchen. Auf Charles Taylor, jenen Mann, der im Juli 1997 nach einem siebenjährigen Krieg mit 150 000 Toten zum gewählten Präsidenten Liberias aufstieg, paßt die Beschreibung. Auch Laurent Kabila, der neue Präsident der Demokratischen Republik Kongo, in den Washington zunächst Hoffnungen für einen Neuanfang setzte, gehört in diese Täterkategorie. Taylors Aufstieg und Kungelei mit ausländischen Unternehmen gilt dem US-Politologen William Reno (in »Welthandel, Warlords und die Wiedererfindung des afrikanischen Staates«) als besonderes Exempel. Als »Rebellenführer« ist er 1989 aus dem Gebiet der Elfenbeinküste mit einer Mini-Streitmacht von 50 Mann nach Liberia einmarschiert und kontrollierte auf dem Höhepunkt seines Krieges Liberia sowie mehr als ein Drittel des benachbarten Sierra Leone und die Grenzregionen Guineas. Taylor weiß die Ressourcen (Kautschuk, Tropenholz, Mineralien) für sich und seine Kriegskasse zu nutzen und heimst nicht nur finanzielle, sondern auch militärische Vorteile ein. Auf der Plantage des US-Gummikonzerns Firestone trainiert seine Streitmacht. Die Plantage dient ihm auch als Basis für die gegen Monrovia geführte »Operation Octopus«. Firestone stellt selbst das Satellitentelefon bereit, damit Taylor mit seiner PR-Agentur in den USA telefonieren kann, die für ihn in Washington Lobbyarbeit macht. Taylor versteht es, auch französische Interessen beim Tropenholzhandel zu bedienen, in dem sich liberianisch-amerikanische Unternehmen ebenfalls betätigten, und dehnt seinen ökonomischen Einfluß bis ins Nachbarland Elfenbeinküste aus.

Warlords, denen es wie Taylor gelingt, eine formale Anerkennung als Staatsoberhaupt zu erlangen, hält William Reno für die Hauptakteure der neuen »politischen Ökonomie« in Afrika. Die internationale Gemeinschaft werde sie früher oder später genauso anerkennen wie die postkolonialen korrupten Potentanten zu Zeiten des Kalten Krieges. In der Tat: Taylor stattete im September 1998 auf der Suche nach finanzieller und ökomischer »Unterstützung beim Wiederaufbau« Liberias der französischen Haupstadt eine Visite ab. Sein Privatjet wartete derweil in Bordeaux für den Heimflug nach dem Besuch eines Weingutes.

Mit der privaten Ressourcen-Ausbeute unter privatem Schutz läßt sich aus Sicht der Unternehmer wie der Warlord-Manager das ökonomisch »nützliche Afrika« vom »unnützen Afrika« – eine Aufteilung, die nach dem Kalten Krieg Schule gemacht hat – bestens trennen. Da die Schaffung eines »Sozialstaats« in der Ökonomie nach Warlord-Modell nicht vorgesehen ist, werde es Aufgabe der (ebenfalls zu einem privatwirtschaftlichen Industriezweig) herangewachsenen internationalen humanitären Hilfe sein, die »Symptome der globalen sozialen Polarisierung und der Armutsapartheid kosmetisch zu behandeln«, beschreibt Lock die Zukunft dieses »ökonomischen Modells«.

Wo jeder Beute macht, so gut er kann, wird schließlich alles und jedes zum potentiellen Diebesgut. Auch humanitäre Hilfe. Seit dem »Tag für Afrika« von 1984, der Herz und Portemonnaie auch vieler Deutscher für die hungernden Äthiopier öffnete, hat sich wenig an der Meinung geändert, solche Katastrophen erzeuge die Natur. Als 1998 in Südsudan der Hunger wieder tötete, war aber (wieder) nicht allein die Dürre schuld. Hungersnöte sind längst Waffen und deshalb sich wiederholende Katastrophen im 15jährigen sudanesischen Bürgerkrieg. Beide Seiten erringen ihre militärischen Erfolge durch Aushungern der Bevölkerung bei der Eroberung von größeren Orten und Städten. In diesem

Krieg ohne Sieger hängt die Hilfe für Frauen, Kinder und Alte von der Gnade der Kriegsparteien ab. Und wenn sie endlich kommt – besser: erlaubt und durchgelassen wird –, dann lassen sich auch Rebellen wie Regierungssoldaten den eingeflogenen Mais gelegentlich schmecken oder verscherbeln ihn für neue Waffen. Aber ohne die »Operation Lifeline« der UN, die seit zehn Jahren Nahrung nach Sudan schafft, wären in diesem Krieg weit mehr als die 1,5 Millionen Toten zu beklagen.

Die Helfer sind heute nicht mehr nur mit Hungernden konfrontiert. Sie sind zuerst 1992 in Somalia und später 1995/96 in den Lagern ruandischer Flüchtlinge in Ost-Zaire zu Geiseln kaltschnäuzig agierender Warlords und Milizen geworden. Wer helfen will, ist nicht selten den lokalen Inhabern der Macht, die aus den Gewehrläufen kommt, tributpflichtig und muß sich oft noch Bodyguards bei denen kaufen, vor deren Plündereien und Anschlägen er geschützt werden will. Die Hilfe einzustellen, dem Verhungern zuzusehen, das wissen die Räuber wohl, läßt die Moral der Helfenden nicht zu. Humanitäre Erpressung am Tatort Afrika und eine neue Täterklasse, eine Mafia, die Anarchie und Wirren nach dem Kalten Krieg erst richtig fett gemacht haben.

Mafiöse Strukturen sind nach dem Ende des Kalten Krieges nicht nur in Teilen Afrikas entstanden, wie ein Blick nach Rußland zeigt. Symptome staatlichen Zerfalls, wie sie für Afrika beschrieben werden, sind auch in anderen Weltregionen festzustellen. Peter Lock weist Klischees und Vorurteile ab: Die »chronique scandaleuse« des afrikanischen Leidensweges sei nicht auf »besondere Eigenschaften des Kontinents und seiner Menschen zurückzuführen«. Allerdings sind die Menschen Afrikas, die den »neuen Strukturen« ausgesetzt sind, noch ärmer dran als ihre Leidensgenosssen in anderen Regionen. Die »offenen Räume«, die in einigen postkolonialen Staaten entstanden sind, bilden auch deshalb so gefährliche Freizonen für kriegerische Raubzüge selbst über Grenzen hinweg, weil die internationale Gemeinschaft längst wegsieht und geschehen läßt, was geschieht. Afrikas politischer Stellenwert ist – abgesehen von einer kleinen Anzahl Staaten, die politisch, ökonomisch oder strategisch eine Vorzugsstellung genießen – weiter gesunken. Die Warlords aber können ohne ausländische Hilfe, wie sie in der alten bipolaren Welt noch vonnöten war, überleben. Sie dealen, wenn sie sich ihr Gewaltmonopol gesichert und den Zugang zu Ressourcen erkämpft haben, mit interessierten Konzernen aus, was sie zum Machterhalt benötigen.

Längst ist ein neuer Kampf entbrannt um das Schicksal des Kontinents. Er spielt sich zwischen jenen Profiteuren des globalen Marktes ab, die heute mit Gewalt in Grauzonen jenseits der alten völkerrechtlichen Ordnung agieren und dafür in den Grauzonen internationaler Finanzströme Kapital und Partner finden, und jenen, die auf friedlichem Wege Chancen zur Teilhabe am Weltmarkt suchen, um der Massenarmut zu entkommen. Die Nutznießer von Krieg und Zerstörung bedrohen diejenigen, die auf gesellschaftlichen Profit durch Aufbau von Demokratie und Marktwirtschaft setzen und gewaltfreie Konfliktlösungen anstreben.

Wenn Afrika zu einem Tatort anderer Art werden soll, einem Ort neuen politischen Handelns, dann sind sicher »afrikanische Täter« gefragt, die an der Schwelle zum 21. Jahrhundert alte Abhängigkeiten und Ausreden für den Zustand des Kontinents abschütteln wollen. Aber nicht, um mit kriminellen Methoden eigenen Reichtum und eigene Macht zu mehren, sondern um Afrika friedlich zu verändern. Und auch diese »Täter« gibt es. Wer nicht glauben wollte, daß Afrika sich wandelt, der mußte nur zur UN-Menschenrechtskonferenz im Juni 1993 nach Wien reisen. Man traf dort nicht nur den einschlägig bekannten nigerianischen Literaturnobelpreisträger Wole Soyinka, sondern eine stolze Zahl von Akteuren auf dem großen Marktplatz dessen, was heute Zivilgesellschaft heißt. Und gestritten wurde für politische Freiheiten,

Menschenrechte und ihre universelle Geltung sowie wirksame Instrumente der Durchsetzung internationalen Rechts.

Denn nicht erst als auf dem Ost-West-Schachbrett in Moskau Perestroika gespielt wurde, hatte sich in Afrika der Widerstand gegen die postkolonialen Politiker im eigenen Haus geregt. Zwar gerieten, als sich der Wind in Moskau wie in Europas Osten drehte, auch Afrikas festgefügte Machtkonstellationen in Turbulenzen. Die Bonzen und Wa-Benzi, wie man auf Suaheli jene Politiker und Funktionäre nennt, die mit Vorliebe Mercedes fahren, hingen plötzlich in der Luft. Der Ost-West-Kühlschrank war abgestellt, die alten politischen Waren verderblich. Die Intellektuellen wie auch viele »einfache Afrikaner« aber brauchten keine Leipziger Montagsdemonstrationen als Vorbild für ihren Protest. Der Druck in Afrika selbst hatte längst die »Grenze überschritten«, wie Volkmar Deile, Generalsekretär der deutschen Sektion von amnesty international, Anfang der Neunziger in einem Interview mit der »Frankfurter Rundschau« sagte.

Gleichwohl könnten spätere Historiker befinden, daß der Berliner Mauerfall einen Einschnitt darstellt, der für Afrikas Geschichte – wenn auch in ganz anderer Weise – ähnlich bedeutsam ist wie die Berliner Kongo-Konferenz von 1884/85, bei der die Kolonialmächte die Beute Afrika unter sich aufteilten. Das gilt für den Prozeß der Demokratisierung, aber auch für die Frage, ob das im 19. Jahrhundert in kolonialem Geist geprägte Staatengefüge Afrikas Bestand haben oder sich im 21. Jahrhundert auflösen wird.

Die Rückschläge für die Demokratiebewegung im Verlauf der neunziger Jahre haben jene außerhalb Afrikas bestätigt, die den Menschen dort nichts zutrauen, und jene innerhalb Afrikas, die weiter Nutzen daraus ziehen, daß sie unverfroren propagieren, Demokratie sei nichts für diesen Kontinent. Menschenrechte etwa auch? Axelle Kabou setzt ihre Hoffnung auf die wachsende Zahl junger Afrikaner, die sich nicht mehr vom Mythos der Befreiung vom Kolonialismus ernähren, sondern ihr Leben und das Afrikas ändern wollen: »Zum ersten Mal vielleicht seit Erreichen der Unabhängigkeit ahnt Afrika, daß die Zukunft nunmehr von der Fähigkeit des einzelnen abhängt, anders zu denken, anders zu handeln, sich selbst anders zu sehen – kurz, sich zu ändern oder unterzugehen.« Doch dieser Appell an die Einsicht des einzelnen, zu Anfang der neunziger Jahre aufgeschrieben, klingt an deren Ende fast naiv. Afrika wird heute weitgehend allein gelassen und auf die neue Freiheit verwiesen, seine Probleme und Konflikte selbst zu lösen. Zwar haben Amerikaner wie Europäer nach wie vor handfeste ökonomische Interessen auf dem Kontinent, aber politisch sind sie stärker mit anderen Weltregionen beschäftigt. Ist Afrika nun mit seinem neuen Spielraum fein raus? Der Krieg in Kongo beleuchtet grell die Szene widerstreitender Interessen. Die Menschen, deren Kraft zum Neuanfang Axelle Kabou einfordert, drohen erneut zum Spielball zu werden, diesmal nicht der alten Kolonialmächte oder der neuen Supermacht, sondern allein afrikanischer Machtkämpfe. Ihr Schicksal wird davon abhängen, ob das »Warlord-Modell« noch größere Teile des Kontinents überzieht oder ob sich die Hoffnungen auf einen anderen Weg – in Südafrika und neuerdings Nigeria – erfüllen. Von außen haben sie wenig mehr als diplomatische Aktionen zur Konfliktlösung oder – wenn diese schiefgehen – bestenfalls den alten Tropf humanitärer Hilfe zu erwarten. Die Frage, welche Wiedergeburt Afrika bevorsteht, entscheidet sich derzeit: Auflösung, Krieg und wachsende Gewalt oder endlich jener »Wind of Change«, der erstmals seit der Unabhängigkeit eine Neuformierung größerer Teile des Kontinents bewirkt, eine »afrikanische Renaissance« der Tatkraft statt des politischen und ökonomischen Selbstmords. Die Antwort sollte auch die USA und Europa interessieren, die den Kontinent in ihrem Polit-Puzzle als ein Segment von drittrangiger Bedeutung ansehen, das ihnen für das Gesamtbild nicht so wichtig scheint.

Woher der Wind weht
oder Welcher Wind of Change?

Ich hoffe sehr, daß wir derzeit die letzten Zuckungen der alten diktatorischen Regime sehen. Afrikaner selbst werden es dann in der Hand haben, jene Demokratien zu errichten, um die uns die Unabhängigkeitsbewegungen der 60er Jahre betrogen haben. Es ist tragisch, daß wir selbst soviel Zeit verloren haben.

Der nigerianische Schriftsteller Chinua Achebe 1998

Wie oft schon sahen Politiker wie Journalisten ihn über den Kontinent rauschen, den großen »Wind of Change«. Zuerst mit der Unabhängigkeit zu Beginn der sechziger Jahre. Unabhängigkeit? Für den frankophonen Teil Afrikas zumindest blieb dieses Wort in weiten Teilen ein Witz. Die »grande nation« und die französische Wirtschaft hatten ihre ehemaligen Kolonien weiterhin fest im Griff. Nicht nur die Währung in diesen Staaten blieb als Franc-CFA (er gilt in 14 Staaten mit 84 Millionen Einwohnern) an die französische angekoppelt. Auch in den Präsidialämtern und Ministerien regierten »Berater« aus Paris mit. Allerdings subventionierte Frankreich auch den Staatshaushalt und füllte die ausgeplünderte Kasse auf. Vor allem aber blieben französische Truppen an Ort und Stelle einsatzbereit und griffen seit 1960 nicht weniger als 35mal ein, um nach Pariser Belieben Staats- und Regierungschefs zu stützen oder zu stürzen. Solche Interventionen waren der parlamentarischen Kontrolle durch die Nationalversammlung in Paris entzogen. Der Afrika-Stab im Élysée-Palast, von Charles de Gaulle ins Leben gerufen, war das im geheimen wirkende Instrument französischer Präsidenten und gab den Kurs vor. Zu François Mitterrands Präsidentenzeiten leitete sein Sohn Jean-Christophe die »Afrika-Zelle« und machte sich auch mit den übelsten Figuren afrikanischer Politik gemein. Der wichtigste Drahtzieher im Élysée-Palast, die Schlüsselfigur der Pariser Afrika-Politik, war Jacques Foccart. Der im März 1997 im Alter von 83 Jahren gestorbene Foccart koordinierte über lange Jahre hinter den Kulissen die Pariser »Patenrolle« in Afrika. In seinen Memoiren gewährte er – auch wenn manche Beobachter glauben, daß er mehr verschwieg als enthüllte – Einblicke in die »reseaux«, Netzwerke, zur Bündelung der Interessen von Politikern, Geschäftsleuten, Geheimdiensten und Militärs. Während der Gipfeltreffen des frankophonen Afrika wurden die Staatschefs auf die jeweils neueste Linie eingeschworen, und diese Linie blieb lange Zeit – vom Wandel in der Welt unbeeindruckt – die alte. Auch als Mitterrand beim frankophonen Gipfel in La Baule die Devise ausgab, künftig werde sich die Pariser Unterstützung stärker am Willen der Regierungen zu demokratischen Bestrebungen orientieren, änderte sich der französische Kurs in Afrika keineswegs von Grund auf. Der Ruf nach Transparenz, nach einem Ende der »Manie des Schweigens« (»Le Monde«) erschallt in Frankreich nicht erst seit dem Amtsantritt des rosa-rot-grünen Bündnisses im Juni 1997, das nun Reformen in der Afrika-Politik anpackt, deren Tragweite noch abzuwarten sind.

Hauptakteur auf dem Kontinent nach der Unabhängigkeit aber war der Kalte Krieg. Die Konkurrenz der Supermächte bestimmte ganz und gar die afrikanische Szene. Die USA hatten, zum Teil Hand in Hand mit Frankreich, nur ein Interesse: die Abwehr kommunistischer Gefahr. Beide sorgten dafür, daß letztlich ihre Statthalter an die Macht kamen und dort im Interesse der »Stabilität« auch blieben. Moskau suchte bei der Abwehr des Kapitalismus ebenso nach Platzhaltern und tat sich mit der Unterstützung von Befreiungsbewegungen hervor. Der Schatten des Kalten Krieges lag auch über dem südlichen Afrika, wo reichlich Blut floß.

Ausgebuffte Regenten mit beträchtlicher krimineller Energie wie Idi Amin in Uganda, Mengistu Haile-Mariam in Äthiopien, Siad Barre in Somalia oder Mobutu Sese Seko in Zaire praktizierten gewiß nicht das, was heute unter dem Schlagwort »good governance« die Voraussetzung für Kredite von Weltbank und Währungsfonds bilden soll. Die Unterstützer in Washington, Paris oder Moskau ließ das herzlich kalt, solange sie sich der »Treue« ihrer jeweiligen afrikanischen Vasallen sicher sein konnten. Diese afrikanischen »Führer« waren also tatsächlich frei: frei, mit ihren Völkern zu verfahren, wie sie wollten. Sie waren nicht selten Monster mit unkontrollierter Macht, denen Ost wie West vorab Absolution für die Drangsalierung und Ausplünderung ihrer Völker erteilt hatten. Es war US-Präsident Bill Clinton, der 1998 in Afrika späte Worte des Bedauerns für die politischen Sünden zu Zeiten des Kalten Krieges fand.

Afrikas neue Abzocker, die nach der Unabhängigkeit an den Schalthebel der Macht gelangt waren, spielten ein böses Spiel; die Kalten Krieger ließen sie gewähren und gaben ihnen noch teures Kriegsspielzeug an die Hand. Somalia ist nur ein Beispiel: Dort konnten sich selbst die Warlords, die 1992 antraten, jeden Rest von Staat zu atomisieren und ihrer persönlichen Macht- und Profitgier zu opfern, noch aus den Waffenarsenalen bedienen, die ein Erbe des Kalten Krieges waren. Die Sowjetunion wie die USA hatten sich ihre Stellvertreterkriege Milliarden für Militärhilfe kosten lassen. So brachte es das arme Land nach Angaben des Stockholmer Friedensforschungsinstituts SIPRI auf 1 400 Panzerfahrzeuge sowie 130 Kampfflugzeuge und verfügte über die wohl größte Streitmacht Schwarzafrikas.

Nicht nur Axelle Kabou, deren Buch vorwiegend unter den Eliten des frankophonen Afrika kursiert, hat gründlich mit der politischen Klasse nach der Unabhängigkeit abgerechnet. Ugandas Präsident Yoweri Museveni, von Washington zum Star seiner Afrikapolitik erkoren, meldete sich schon kurz nach der Machtübernahme in Kampala 1986 mit ungewohnten Tönen zu Wort: Die »Hauptschuld« am Scheitern des unabhängigen Afrika gab er den afrikanischen Führern selbst, von denen viele ihrer Aufgabe nicht gewachsen gewesen seien, »nicht intellektuell, nicht ideologisch, nicht politisch und ganz bestimmt nicht moralisch.« Viele, so Museveni damals, hätten in der Unabhängigkeit einen »Freifahrtschein zur Selbstbereicherung« mit allen Mitteln gesehen. Ein freier Geist wie Nigerias Schriftsteller Wole Soyinka scheute sich 1991 nicht, der noblen Versammlung der OAU, der Organisation für afrikanische Einheit, den Spiegel vorzuhalten, als sie materielle Wiedergutmachung für Sklaverei und Kolonialismus einklagte. Der Dichter machte eine andere Rechnung auf und mahnte »Wiedergutmachung nach innen« an für das oft nur dem eigenen Nutz und Frommen und nicht dem Volk dienende Verhalten der Politiker. Kein Wunder: In Soyinkas Heimatland Nigeria gingen Politiker wie Militärs beim Geldabsaugen besonders eifrig ans Werk. Der regierungsfernen Organisation »Transparency International«, die weltweit ein Auge auf alle hat, die sich die Taschen vollstopfen, galt Nigeria bis zur Machtübernahme von Abdulsalam Abubakar, dem neuen Hoffnungsträger aus den Reihen der Militärs, als das »korrupteste Land der Welt«. Allein der im Juni 1998 plötzlich am Herzinfarkt verschiedene Militärdiktator Sani Abacha soll in der relativ kurzen Zeit seines Regimes ein Vermögen von fünf Milliarden Dollar zusammengerafft haben.

Die drastische »Selbstkritik« aus den Reihen vieler prominenter Afrikaner soll jenes (vorwiegend geistige) Kapital akkumulieren helfen, mit dem endlich die Fahrkarte in eine andere Zukunft gelöst werden könnte. Sie sollte aber den Europäern nicht als Freifahrtschein dienen, sich aus Afrika zu verabschieden. Es geht nicht darum, die einst von Massenblättern angeheizte Kampagne neu aufzulegen, welche die Entwicklungshilfe vorwiegend in den goldenen Betten afrikanischer Potentanten verschwinden sah. Wo noch Exemplare dieser Spezies von Kleptokraten existieren oder versuchen, sich neu zu etablieren, muß ihnen die finanzielle »Stütze« entzogen werden. Entwicklungshilfe aber kann (noch) nicht abgeschafft werden. Sie muß vielmehr dahin gehen, wo sie der real existierenden Armut abhilft, die Investitionen von Konzernen, die an Profit und nicht an Wohltätigkeit orientiert sind, kaum beheben werden. Uwe Simson schreibt in seinem neuen Buch »Kultur der Entwicklung«, daß der langfristige und schwierige Prozeß der Entwicklung Afrikas als »ganzer von den Afrikanern selbst gestaltet und bewältigt werden muß«. Gleichzeitig weist er darauf hin, daß dieser Prozeß sich notwendigerweise in einer Welt vollziehe, in der die Industriegesellschaften westlichen Typs der mächtigste Akteur sind. Simson: »Sie werden sich daher – gleichgültig, was in Afrika eintritt – nicht aus der Verantwortung stehlen können.«

Mit dem Ende der Block-Zeit sahen nicht nur unverbesserliche Afrika-Optimisten endlich freie Bahn für einen zweiten »Wind of Change«. Demokratisierung hieß die Zauberformel. Tatsächlich hat sich die politische Landschaft im vergangenen Jahrzehnt gründlich verändert. Aber der »Zaubertrank« Demokratie hat längst nicht überall gut gewirkt und keineswegs immer ökonomischen Erfolg herbeigezaubert. Kein Wunder, ist doch Magie selbst in Afrika eine stumpfe Waffe, wo es um sehr irdische Macht und globale Wirtschaftsinteressen geht, die im Zweifel kaputtmachen, was sie kaputtmacht. Und statt der Friedensdividende, wie sie auch Europa für sich erhoffte, erlebte Afrika eine Neuauflage regionaler Konflikte, Kriege und den Zerfall von Staaten. Es wurde zum Exerzierfeld von Interventionen der Vereinten Nationen, zum Schauplatz auch des kläglichen Versagens der Weltorganisation und eines Völkermords, dem alle Welt zusah, als ereigne er sich auf einem fernen Planeten.

Sowenig wie Europa ist Afrika ein monolithischer Block. Seine Staaten sind weder politisch noch ökonomisch noch kulturell über einen Kamm zu scheren. 1994, im selben Jahr, da Ruanda die Barbarei des hunderttausendfachen systematischen Mordens erlebte, vollzog sich in Südafrika das politische Wunder der ersten freien Wahlen ohne Ansehen von Rasse und Hautfarbe. Und Mosambik, von einem mörderischen Krieg geschunden, fand endlich Frieden.

Es ist Mode geworden, der Demokratisierung in Afrika schlechte Noten zu erteilen. Gesehen und kommentiert werden vielmehr Rückschläge, listiges Austricksen demokratischer Bestrebungen und das Aufheizen »ethnischer« Konflikte. Der Aufbruch Anfang der Neunziger dagegen fand in Europa, das den Blick fest auf die Entwicklungen im Osten gerichtet hatte, kaum Interesse. Als sich im Februar 1990 in Arusha die »500 hervorragendsten Frauen und Männer Afrikas« versammelten und eine »Charta für demokratische Entwicklung und Transformation« verabschiedeten, hörte kaum jemand hin. Sicher, auf dem Papier der Verfassungen stand die Demokratie schon nach der »Befreiung« und Unabhängigkeit der meisten Staaten, und da ließen sie denn viele der »Befreier« auch stehen und bescherten ihren Ländern Einparteien- und Militärregimes. Was in Arusha als Parole aufgeschrieben wurde, war aber kein Diktat von oben, sondern entstand unter dem Druck einer Aufbruchstimmung unten. »Wir bekräftigen, daß weder eine Nation ohne Unterstützung von unten und ohne volle Teilnahme der Bevölkerung aufgebaut, noch daß die ökonomische Krise gelöst und die Lebensbedingungen der Menschen ohne den vollen und effektiven Beitrag, ohne die Kreativität und das Engagement der breiten Mehrheit der Bevölkerung entfesselt werden können«, heißt es in der Charta.

Nichts als schöne Worte? Vielleicht. Aber auch die Taten erregten im Rest der Welt kaum jemanden. Der kenianische Politologe Ali A. Mazrui klagte 1996 in einem Aufsatz für die Zeitschrift »Internationale Politik«, der westliche Blick habe sich in Afrika überwiegend auf die Frage gerichtet, wer die Demokratie tötet, und sich nur unzureichend jenen gewidmet, die für die Demokratie kämpfen. Mazrui führte dafür ein Beispiel an: »Der Widerstand der Gewerkschaftsbewegung im kommunistischen Polen der achtziger Jahre wurde von der westlichen Welt lautstark begrüßt, der Streik der Ölarbeiter in Nigeria in den neunziger Jahren zur Verteidigung der Demokratie bewegte die Vorstellungskraft der westlichen Welt wenig ... Lech Wałęsa war im Westen in aller Munde und erhielt gar den Friedensnobelpreis. Wer aber kannte die Namen der nigerianischen Gewerkschaftsführer außerhalb Nigerias?« Lech Wałęsa sei durch Verfolgung zum Märtyrer geworden, die verfolgten Demokraten in Afrika dagegen zu einem weiteren Beispiel der Tyrannei, stellt der Professor fest. Erst das Schicksal des Schriftstellers Ken Saro-Wiwa, der 1995 vom Militärregime hingerichtet wurde, weil er an der Spitze seines Ogoni-Volkes gegen die rücksichtslose Ausbeutung des Ölreichtums in seinem Land durch den Shell-Konzern kämpfte, weckte das Interesse der Welt nachhaltiger. Solch mutige und nicht selten tödliche Aktionen des Widerstandes gab es in der ersten Hälfte der neunziger Jahre auch anderswo. Oft nur am Rande registriert wurden die Demonstrationen Hunderttausender Menschen, etwa in Madagaskar, oder Streiks, die unter dem Motto »Tote Stadt« in Togo, Zaire oder Sambia als sichtbarer Ausdruck des Protests organisiert wurden.

Auf die Demokratiezeugnisse für Afrikas Staaten, die viele Publizisten mit Plus- und Minuszeichen so gern austeilen, soll hier verzichtet werden. So gut wie kein Staat Afrikas ist grosso modo völlig unberührt geblieben von der Demokratiewoge. Der deutsche Afrika-Experte Walter Michler hat in Büchern und Publikationen immer wieder die mangelnde Unterstützung für das gerügt, was er Schwarzafrikas »Perestroika« nennt – eine Definition, die anfangs griffig war, inzwischen aber etwas angestaubt wirkt. Das Weltbank-Lieblingswort »demokratische Partizipation« ist indes auch nicht schöner. Wie immer man den Prozeß nennt, sein Ergebnis ist, daß in Schwarzafrika inzwischen in der weit überwiegenden Mehrzahl der Staaten Mehrparteien-Systeme eingeführt wurden. In zahlreichen Ländern setzte man sich zu Verfassungskonferenzen und runden Tischen zusammen. Und natürlich durfte auch gewählt werden, wobei allerdings etliche der alten Despoten ihr Mäntelchen nur in den demokratischen Wind hängten, um den eigenen Sturz zu verhindern. Zustatten kam ihnen dabei nicht selten, daß die Opposition viel zu zersplittert war und zumeist noch heute ist, um einen demokratischen Machtwechsel herbeiführen zu können.

Afrikas »Mühe mit der Demokratie« (»Neue Zürcher Zeitung«) fand denn auch starken Niederschlag in der Presse. Wie das Schweizer Blatt offerierten auch andere Zeitungen eine lange Liste der Mißerfolge, des Versagens und Scheiterns: In Angola paßte dem Wahlverlierer Jonas Savimbi von der Rebellenbewegung Unita 1992 das Ergebnis nicht, worauf er kurzerhand wieder zu den Waffen greifen ließ. In Tschad waren Soldaten als »Wahlhelfer« eingesetzt, in Sambia war der Rivale im Ringen um das Präsidentenamt, Ex-Präsident Kenneth Kaunda, kurzerhand zum Ausländer erklärt worden. In Togo suchte Präsident Gnassinbe Eyadema die Opposition mundtot zu machen, funktionierte die Nationalkonferenz für seinen Machterhalt um und ließ 1998 bei der Präsidentenwahl die Auszählung der Stimmen stoppen, damit das Ergebnis sich nicht gegen ihn kehren konnte. Auch Paul Biya in Kamerun nutzte alle Instrumente, mit denen sich Wahlen beeinflussen lassen. In Simbabwe ließ Robert Mugabe wählen, aber faktisch ein Einparteien-System. In Namibia will Sam Nujoma die Verfassung ändern lassen, um in eine dritte Amtszeit starten zu können.

Die westliche Reaktion auf Wahlen in Afrika ist so wenig

frei von Widersprüchen wie die Entwicklung dort. So wurde einerseits mit bissigen Kommentaren nicht gespart, als Mathieu Kéréko, der 1991 bei Wahlen unterlegene Militärdiktator Benins, 1996 seinen Nachfolger ablöste und erneut an die Macht kam, diesmal allerdings demokratisch gewählt. Andererseits wurde halbseidenen Wahlmanipulateuren nicht selten der Segen von Beobachtern zuteil.

Demokratie und Menschenrechte, so glauben nicht wenige Europäer, seien irgendwie »unafrikanisch«. Man muß zwar nicht erst beim afrikanischen Kulthistoriker der Aufgeklärten Joseph Ki-Zerbo nachlesen, um das als Unsinn zu entlarven. Ki-Zerbo unterstreicht: »Insgesamt gesehen war die afrikanische Gesellschaft von gestern eine Gesellschaft der Mitwirkung, die bereits einen gewissen Humanismus erreicht hatte.« Auf solchen Lorbeeren freilich kann sich die heute aufbegehrende junge Generation kaum ausruhen. Sie steckt mittendrin in einem explosiven Übergangsprozeß. Winrich Kühne, Wissenschaftler mit besonderem Interesse an Konflikten, wertete die Vorgänge in Afrika mit Worten, die auch in Europa mit seinen frischen Erfahrungen bei östlichen Übergangsprozessen verstanden werden müßten: »Demokratie wird in der Regel eine friedenstiftende, die gewaltfreie Bearbeitung von Konflikten fördernde Wirkung zugeschrieben. Langfristig mag das durchaus zutreffen. Kurz- und mittelfristig scheint häufig aber das Gegenteil zu gelten. Ethnische, soziale, wirtschaftliche und politische Frustrationen, die sich unter dem Deckel diktatorisch-autoritäter Regime aufgestaut haben, entladen sich nun im Namen von Partizipation, Pluralität und Meinungs- und Vereinigungsfreiheit explosionsartig. Demokratisierung schlägt um in Destabilisierung, und der Absturz in den Bürgerkrieg ist mehr oder weniger unausweichlich, wenn es keine verantwortlichen Eliten und Führungspersönlichkeiten gibt, die diese Dynamik einfangen, statt sie für ihren persönlichen Machtkampf zu mißbrauchen.«

Demokratisierung könne durchaus »verfrüht« sein, hat der Hamburger Professor Rainer Tetzlaff in einem Vortrag festgestellt, den er 1996 bei einer Tagung des Arbeitskreises Dritte-Welt-Politik des Auswärtigen Amtes hielt. Er plädierte für einen »weichen Ansatz« westlicher Demokratieförderung und nannte das Entstehen einer demokratischen Streitkultur in Westeuropa das »glückliche Produkt« einer langen konfliktreichen Entwicklung von innen. Die afrikanischen Regierungen, die sich als »legale Erben« der Kolonialisten in den leeren Gouverneurspalästen niederließen, hätten Menschen mit ganz unterschiedlichen Traditionen, Wertesystemen und Produktionsweisen in einen Staat integrieren müssen. Diese Menschen seien über Nacht zu Bürgern eines künstlichen Staates geworden, dessen innere Einheit sei meist »labil« geblieben und so zur »Knetmasse in der Hand von Politik-Ideologen« geworden.

Soll Demokratie stabil werden, dann braucht sie wirtschaftlichen Erfolg. Das gilt für Afrika ebenso wie für Osteuropa. So ließ die Wahlbeteiligung rasch nach in Ländern, in denen mehrmals gewählt worden war, ohne daß sich an Macht-, Lebens- und Einkommensverhältnissen etwas geändert hätte. Für Tetzlaff wie andere Anlaß genug, trotz »weicher Linie« da Härte zu fordern, wo amtierende Regierungschefs den demokratischen Urnengang durch Manipulation und Einschüchterung zu einem Wahlzirkus verkommen lassen. Internationale Beobachter sollten solchen Wahlen keine Legitimation verschaffen, sondern sie boykottieren, empfahl er. Der tödlich verunglückte nigerianische Politologe und Regimekritiker Claude Ake hat Wahlen, die in ihr Gegenteil verkehrt werden und nur die »Kulisse« zur Unterfütterung der Machtposition des Amtsinhabers bilden sollen, eine »Demokratisierung der Ohnmacht des Volkes« genannt.

Solche Warnungen fielen lange auf nicht allzu fruchtbaren Boden. Das Block-Raster war weggefallen, aber das alte Machtspiel, in dem gut ist, was den eigenen Interessen nützt, spielten die ausländischen Hauptakteure weiter. So hebelte Frankreich in Togo jahrelang die Bemühungen Deutschlands und der USA aus, Druck in Richtung Demokratie und Rechtsstaatlichkeit auszuüben. Erst nach den Manipulationen bei den jüngsten Wahlen scheint Paris bereit, mit anderen Staaten der EU in Togo an einem Strang zu ziehen. Ein anderes Beispiel, wie Menschenrechte und Forderungen der Opposition auf der Strecke blieben, ist die »weiche Linie«, die Washington in Nigeria, einem seiner wichigsten Öllieferanten, zu Zeiten des Militärdiktators Sani Abacha gefahren hat. Auch in der Europäischen Union scheiterte ein von den Fraktionen im deutschen Parlament nach der Hinrichtung Ken Saro-Wiwas einhellig gefordertes Ölembargo – am Widerstand Großbritanniens, der Niederlande und Frankreichs, die allesamt den Interessen ihrer mächtigen Ölkonzerne in Nigeria Vorrang einräumten.

Die Erfahrungen mit gerissenen Regenten alten Stils, die es als »afrikanische Wendehälse« verstanden, sich mit »Fassadendemokratien« durchzumogeln, sorgten ab Mitte der neunziger Jahre dafür, daß die Euphorie über Afrikas Demokratiewelle nüchterner Betrachtung wich. Wie die Menschen in Afrika selbst, kam Rolf Hofmeier vom Hamburger Institut für Afrika-Kunde zu dem Schluß, daß »formal pluralistische Wahlen« nicht zu wirklichem Wandel in Afrika führten. Nicht Demokratie im »westlichen Sinne«, die Politiker »von oben« zu instrumentalisieren verstanden, sondern die Bereitschaft, Mitwirkung »von unten« zu ermöglichen, galt nun als Richtschnur. Harald Ganns, der ehemalige Afrika-Beauftragte der Bundesregierung (heute Botschafter in Südafrika), zog 1998 allen Krisen, Kriegen und Katastrophen zum Trotz eine positive Bilanz: »Weniger Menschenrechtsverletzungen und mehr Demokratie als noch in den siebziger und achtziger Jahren« machte er in Afrika aus. Auf Erfolgskurs sah er ausdrücklich nicht Demokratie im »westlichen Sinne«, sondern im Sinne von Transparenz, Rechenschaftspflicht der Regierenden, freier Meinungsäußerung, Mitwirkungsmöglichkeiten des einzelnen Bürgers. »Warum sind wir immer enttäuscht? Weil wir Prozeduren und Zeitabläufe von unseren Freunden einfordern, die zu gedrängt sind und unserem Tempo entsprechen«, meinte der Afrika-Mann des Auswärtigen Amtes.

Weil viele Afrikaner selbst aber inzwischen kritisch hinter die Fassaden ihrer Demokratien sehen, sollte sich der Weg, den der Westen gemeinsam mit ihren Regierungen geht, bei aller Freundschaft da wieder gabeln, wo Menschenrechte und Rechtsstaatlichkeit auf der Strecke bleiben.

Mit afrikanischen Augen betrachtet, sieht es im Alltag mancher Länder, auf die der Westen wohlgefällig blickt, politisch so gut nicht aus. Zum Beispiel: Burkina Faso. Der Historiker Joseph Ki-Zerbo, den das Militärregime des Thomas Sankara in den achtziger Jahren ins Exil getrieben hatte, kehrte 1992 hoffnungsvoll in seine Heimat zurück. Er wollte sich in seinem Land politisch wieder einmischen und gründete eine Partei, die bei den Parlamentswahlen 1997 zur stärksten Kraft in der Opposition wurde. Heute ist er enttäuscht und frustriert: Das Ausland werde »systematisch getäuscht über die wahren Verhältnisse«, sagte der prominente Denker vor den Präsidentenwahlen im November 1998 in einem Rundfunkinterview. So boykottierte er mit anderen Oppositionellen die Wahlen – eine langweilige Veranstaltung, bei der der Sieg des bisherigen Präsidenten Blaise Campaoré schon vorher feststand. Zwar gibt es in Burkina Faso Spannungen, aber keine richtige Krise, keine Toten und so gut wie keine Gewalt. Doch die Weisheit ausländischer Urteile über die Lage in seinem Land zieht Ki-Zerbo in Zweifel, indem er ein Sprichwort bemüht: »Allein, wer auf der Matte liegt, weiß, ob es darin Flöhe gibt.«

Jenseits der Ereignisse, die Schlagzeilen machten, haben sich ab Mitte dieser Dekade politische Prozesse im Hinter- oder besser Untergrund abgespielt: Das Kraftfeld Afrikas, so schien es, wurde plötzlich neu aufgeteilt. Frankeich trat nach der üblen Rolle, die es beim Völkermord in Ruanda und beim Sturz des Diktators Mobutu in Zaire gespielt hatte, vorsichtig den Rückzug an. Der Schriftsteller Ryszard Kapuściński, intimer Kenner der Szene, machte in einem Interview der »Neuen Zürcher Zeitung« im Juni 1997 einen »Wind of Change« besonderer Art aus, der zum Ende des Jahrhunderts die Karten auf dem Kontinent aus seiner Sicht nochmals neu mischte. Die »bedeutendste Wachablösung in Afrika seit Beginn der Dekolonisierung« konstatierte er mit dem Sturz Mobutus. »1996/97 markiert die entscheidende Wende, ja eine Revolution in Afrika. Jetzt wird der europäische Einfluß vollständig eliminiert. Als letzte ziehen sich Frankreich und Belgien zurück, und der Kontinent als Ganzes wird Teil der Einflußsphäre der USA.«

Einflußsphäre der USA? War also die Visite des US-Präsidenten im März 1998 ein Abschreiten der Paradefront der neuen Alliierten durch den ersten Mann der allein verbliebenen Supermacht? Die Show mag so geplant gewesen sein, aber so simpel läßt sich (nicht nur in Afrika) das Politikmuster nach dem Ende des Kalten Krieges nicht mehr stricken. Ein knappes halbes Jahr später zeigte sich, daß die Supermacht, Sieger über Moskau und Marx, in Afrika Murks gebaut hatte. Die neue Achse von Eritrea über Äthiopien, Uganda, Ruanda und Kongo bis Südafrika erwies sich als Bruchlinie. Die USA hatten sich in das komplizierte Beziehungsgeflecht der Region der Großen Seen eingeklinkt – mit Folgen, die Washington nicht einkalkuliert hatte.

Der Zickzackkurs der US-Politik

Von Äthiopien über Somalia nach Kongo

> Afrika ist tatsächlich die Achillesferse der Clinton-Diplomatie.
>
> *Jean-François Bayart 1998 in der deutschen Wochenzeitung »Die Zeit«*

Ach, wie war früher doch die Rollenverteilung so klar umrissen und übersichtlich. Wer sich im europäischen Teil der Welt »Entdecker« nannte, stellte sich in Afrika noch artig vor. Mag sein, daß auch die Abgesandten der weltweiten Konzerne heute ihre Visitenkarte zücken: »Gestatten, ich bin der Vertreter des Ölkonzerns Chevron in Afrika.« US-Präsident Bill Clinton hat zweifellos einen ganz anderen Job. Und wer hätte ihn, im Frühjahr 1998 bei seiner Reise zu ausgewählten Stationen und Politikern in Afrika publizistisch gefeiert als Symbol der Neuentdeckung des Kontinents durch die Weltmacht Amerika, mit den Worten begrüßen mögen: »Mister Clinton, I presume?«

Gleichwohl, Clintons Expedition mit einem Troß von an die tausend Mitreisenden war als erste Staatsvisite eines US-Präsidenten seit 20 Jahren ein Signal. Damals hatte Jimmy Carter sich nach Liberia und Nigeria gewagt. Später kam nur noch George Bush zum Truppenbesuch in Somalia. Ansonsten hielt sich die Weltmacht mit ihrem Spitzenpersonal fern von Afrika. Ihr wurde nachgesagt, sie habe an den Vorgängen dort nur begrenztes Interesse – während des Kalten Krieges ebenso wie nach dem Zusammenbruch des »Reichs des Bösen« (Ronald Reagan).

Ob die Clinton-Visite nun Signal-, Symbol- oder Show-Charakter hatte, es ging nicht nur um schöne Worte. Die Weltmacht USA hat durchaus handfeste Interessen in Afrika. Natürlich sollen US-Konzerne ein ordentliches Stück vom afrikanischen Rohstoffkuchen abbekommen. Und weil auch Frankreichs Großunternehmen da gern kräftig zubeißen, gab es in den vergangenen Jahren zunehmend Gerangel mit Paris. Der Schlüssel zur US-Afrikapolitik aber liegt in Sudan. Der islamische Staat gilt Washington (wie sonst nur noch Libyen oder Irak) als neues »Reich des Bösen«, aus dem sich ein gut Teil des islamischen Terrorismus speist. So suchen die USA in Afrika seit Jahren vorrangig ein Netzwerk von Verbündeten aufzubauen, das den »neuen Feind« Islam am Vormarsch hindert, der nicht nur in ihrem geostrategischen Weltbild die »kommunistische Gefahr« abgelöst hat. Während sich Washington im algerischen Drama, das die Ex-Kolonialmacht Frankreich besonders tangiert, auf eher stille diplomatische Aktivitäten beschränkt und weitgehend der Europäischen Union die (bisher erfolglose) Suche nach Lösungen überläßt, gilt Sudan das geballte US-Interesse. Der größte Flächenstaat des Kontinents wird nicht nur als Unruhestifter und Beherberger von Terroristen, sondern auch als Sprungbrett für die Ausbreitung islamischen Einflusses gefürchtet, bekämpft und mit Handelsboykott belegt.

Von den rund 700 Millionen Afrikanern bekannten sich (laut Encyclopedia Britannica) 1993 etwa 290 Millionen zum Islam. Tendenz vermutlich steigend. Die Zahl afrikanischer Christen gibt die Statistik mit rund 341 Millionen an, rund 70 Millionen hängen offiziell afrikanischen Religionen an. Die Ursachen für den wachsenden Zulauf, dessen sich der Islam erfreut, liegen auch in Afrika in andauernder Armut, Arbeits-, Hoffnungs- und Perspektivlosigkeit, dem Gefühl der Bedeutungslosigkeit und des Ausgeschlossenseins von der schönen Welt der heute zumeist stark westlich orientierten Eliten. So klagten zum Beispiel in Äthiopiens Hauptstadt Ende 1994 eine halben Million Menschen islamischen Glaubens die Beachtung ihrer Interessen und die Einbeziehung islamischen Rechts in die Verfassung ein. Clinton stieß sogar während seines Besuches in Südafrika auf militante islamische Demonstranten, die amerikanische Flaggen verbrannten.

Allianzen für und gegen Sudan sind ein wichtiger Faktor im innerafrikanischen Kräftespiel. Und die USA stehen dabei nicht mehr abseits, obwohl auch sie den Krieg zwischen dem islamischen Norden und dem christlich-animistischen Süden lange verdrängt und »vergessen« hatten. Zu viele Konflikte gab es auf der so unübersichtlichen Kriegskarte nach dem Ende der Blöcke. Da kümmerte es wenig, daß in Sudan seit 1983 mindestens 1,5 Millionen Menschen in den militärischen Auseindersetzungen gestorben waren und vier Millionen Flüchtlinge umherzogen, daß amnesty international und die Kirchen von »Geisterhäusern«, Folter, Verschleppung, Versklavung, politischen Verhaftungen und Morden berichteten. Begonnen hatten die neuen Kämpfe, nachdem der Diktator Dschafar el Numeiri 1983 die Teilautonomie für den Süden aufgehoben und die Scharia, die islamische Rechtsprechung, auf das gesamte Land ausgedehnt hatte. Der 1989 durch Putsch an die Macht gelangte Hassan el Baschir verstärkte die Unterdrückung und suchte die Südsudanesen nicht nur zu arabisieren, sondern regelrecht auszurotten. Die Gier des Nordens richtet sich nicht zuletzt auf die Ausbeutung der Ressourcen des Südens. Die USA haben mittlerweile die SPLA-Rebellen unter John Garang als mögliche Trumpfkarte im Machtspiel mit Khartum entdeckt, und Außenministerin Madeleine Albright versuchte nicht einmal mehr, die Schützenhilfe via Uganda, Äthiopien oder Eritrea zu verbergen. Washington ist aber nur eine der fremden Mächte mit Interessen in und an Sudan.

Welche Staaten beim Waffenhandel, bei der Ausbildung von Soldaten, dem Bereitstellen von Technikern und Logistik in Sudan mitspielen, hat ein Bericht der US-Menschenrechtsorganisation Human Rights Watch enthüllt. Aus sehr verschiedenen Motiven und in unterschiedlicher Intensität sind hauptsächlich China, Iran, Irak sowie Rußland mit von der Partie. Frankreich beschränkte sich laut diesen Angaben (immerhin hat die EU 1994 ein Embargo verhängt) auf das »Liefern« von Technikern und Satellitenfotos zur Rebellenjagd. Intensive und dunkle Kontakte pflegte der ehemalige französische Innenminister Charles Pasqua, der sich und seinen Kanälen schließlich die Auslieferung des internationalen Top-Terroristen Carlos Ramirez durch Sudan gutschrieb. Erwähnt werden in dem Bericht der US-Menschenrechtsorgansiation auch Staaten wie Südafrika, Libyen, Jordanien, Jemen, Chile und Saudi-Arabien.

Im Geflecht der auswärtigen Interessen in Sudan stößt man nicht nur auf politische (wie in den Fällen Iran und Irak), sondern (wie im Fall China) auch auf rein ökonomische. In Sudan befinden sich (allerdings auf Kriegsgebiet) wahrscheinlich größere Öllager, als Saudi-Arabien und Iran zusammen zu bieten haben. Der US-Konzern Chevron soll bereits vor dem erneuten Ausbrechen des Bürgerkriegs 1983 eine Milliarde Dollar in Sudans ölreiche Zukunft gesteckt haben. Auch Peking, seit Mitte der achtziger Jahre Hauptwaffenlieferant, geht es ums Öl, um Konzessionen zur Ausbeute. China ist ebenso wie Malaysia mit langfristigen Krediten wichtiger Partner bei der Erschließung. Chinesische Soldaten sollen deshalb auch die neu gebaute Pipeline bewachen, die aus dem Kriegsgebiet zum Hafen Port Sudan führt. Sudan drängt als neuer Ölexporteur auf den Weltmarkt. Kein Wunder, daß unter diesen Umständen der von Washington unterstützte Kampf der SPLA-Rebellen gegen Khartum nicht nur, wie vielfach angenommen, religiöse Motive hat, sondern zum regelrechten Ölkrieg geworden ist.

Daß jenseits aller Politik und Ideologie immer wieder die Ökonomie ins Spiel kommt, zeigt ein US-Streich besonderer Art beim Handelsboykott gegen Sudan. Der Getränkeindustrie zuliebe hat Washington ein Produkt verschont: Gummiarabikum, weil ohne diesen Stoff Fruchtpartikel in »lebenswichtigen Säften« wie Orange Soda auf den Dosenboden absinken würden. Wozu wird Sudan die US-Devisen aus dem Gummiarabikum-Export nutzen? Vermutlich zum Waffenkauf. »Klar, die Vereinigten Staaten sollten sich gegen Terror und religiöse Verfolgung stemmen«, spottete die US-Zeitung »Washington Post«, »aber es gibt Opfer, die zu hart sind, um sie zu ertragen«. Sudan und Soda oder die USA und ihr Zickzackkurs.

So weich die USA beim Soda werden, so hart nutzten sie nach den Anschlägen auf ihre Botschaften in Kenia und Tansania im Sommer 1998 die Gelegenheit, Sudan abzustrafen und mit US-Marschflugkörpern eine Arzneimittelfabrik in Khartum zu zerstören. Im Zweifel erwischt es mit Sudan aus US-Sicht selbst bei brüchiger Beweislage den Richtigen.

Eher ein Zickzackkurs denn eine gerade politische Linie markiert auch die Wegstrecke, die Washington in Afrika seit Ende des Kalten Kriegs zurückgelegt hat. Einen ersten sichtbaren Fußabdruck hinterließen die USA im Mai 1991 in Äthiopien. Als sich dort der Sturz des lange von Moskau mit Waffenlieferungen und bis zuletzt auch vom DDR-Regime ausgehaltenen Mengistu Haile-Mariam abzeichnete, waren US-Diplomaten sogleich zur Stelle – als »Vermittler«. Mengistu war mit dem Militärrat (Derg), der 1974 in einer »Revolution« Kaiser Haile Selassie gestürzt hatte, ins Zentrum der Macht gelangt und setzte sich 1977 nach einer Welle des »roten Terrors« mit 30 000 Todesopfern und der Liquidierung gemäßigter Mitglieder des Derg als »starker Mann« durch. Er regierte das Land in spätstalinistischer Manier – eher aus pathologischer Herrschsucht denn aus Überzeugung, glauben manche Beobachter. Als Michail Gorbatschow ihm Ende der achtziger Jahre die Unterstützung kappte, versuchte Mengistu mit der Ankündigung einer Perestroika seine Haut zu retten und ergriff sogar im Golfkrieg für die USA Partei. Die späten Wendemanöver nützten nichts. Mengistu setzte sich nach Simbabwe ab. In Äthiopiens Hauptstadt Addis Abeba zogen mit Rückendeckung der USA ohne Blutvergießen, Plünderungen und Chaos die Rebellen aus der Tigray-Provinz ein, die 17 Jahre lang – auch im Bündnis mit anderen Bewegungen – gegen das Regime gekämpft hatten. Kurz zuvor hatten die EPLF-Rebellen nach insgesamt 30jährigem Kampf die Kontrolle über Eritrea übernommen. Diesen Machtwechsel mit großer Bedeutung für die Zukunft am Horn von Afrika wollten die USA nutzen. Und sie zögerten nicht, sich Äthiopien unter dem neuen Mann Meles Zenawi als Verbündeten gegen Sudan zu sichern, ebenso Eritrea, das 1993 nach einem Referendum unabhängig wurde. Das Interesse beider Staaten an diesem Bündnis: Sudan unterstützte die gegen beide Regierungen kämpfenden Rebellenbewegungen.

Schon ein Jahr nach der Wende in Äthiopien tummelten sich im Hilton-Hotel zu Addis Abeba denn auch große Gruppen von Amerikanern. Die ersten Wahlen in den neuen, nach ethnischen Kriterien zugeschnittenen Regionen waren angesetzt. Sie sollten nicht zuletzt auf Druck der USA stattfinden. Zenawi hatte zuvor eine Nationalkonferenz einberufen, die für Äthiopien eine Demokratie »auf der Basis westlicher Prinzipien« und eine Übergangsverfassung beschloß, die allen Völkern im Lande das Recht auf Selbstbestimmung bis hin zur Abspaltung zugestand. Gleichwohl sah der vom Übergangsparlament gewählte Staatschef sich bald in bewaffnete Konflikte, vor allem mit der OLF-Bewegung, verstrickt. Die reklamierte für sich, das unter kaiserlicher wie kommunistischer Herrschaft unterdrückte Mehrheitsvolk der Oromos zu vertreten, und fürchtete nun die Dominanz der neuen Herren aus Tigray.

Auf diese Situation traf im Juni 1992 eine besondere Spezies von Experten, eine Art »Sterndeuter« für den »freien und fairen« Verlauf von Wahlen. Der internationale Wahlbeobachter war in dieser Dekade ein gut nachgefragter, aber keinesfalls immer befriedigender Job. Die Begleitung der ersten Wahlen im freien Namibia war ein frühes, recht erfolgreiches Beispiel, bei dem sich deutsche Bundesgrenzschützer erstmals bewähren durften. In Äthiopien gerieten die 200 »Observer« aus 20 Nationen in ihren T-Shirts mit Friedenstaube zwischen die Fronten der neuen Regierung und der Oromo-Bewegung, die zum Boykott des Urnenganges aufgerufen hatte. Die Wahlen stärkten weder Demokratie noch Frieden, sondern mündeten in ein neues Bürgerkriegsszenario. Zenawi entließ die der Regierung angehörenden Oromo-Minister. In den anschließenden Kämpfen siegten seine Soldaten, und 20 000 OLF-Kämpfer wanderten für Monate in Internierungslager. Vor der Presse beklagte er später, zur Unzeit zu dieser Abstimmung gezwungen worden zu sein. Der Konflikt mit den Oromo ist bis heute virulent, und immer noch werden unter den OLF-Widersachern der Regierung Gefangene gemacht. Die Oromo-Bewegung konnte in Sudans Hauptstadt Khartum ein Büro eröffnen, das aber im Juni 1998, als sich die politische Lage änderte, wieder geschlossen wurde. Solche afrikanischen Bündnisse sind vom selben Muster bestimmt wie die US-Realpolitik in Afrika: Der Feind meines Feindes ist mein Freund.

Warum diese Geschichte einer gescheiterten Wahl- und Demokratieübung? Zum einen gelang es auch 1995 bei den nationalen Wahlen nicht, die Opposition am Boykott zu hindern und einzubinden. Zum anderen sah damals mancher der Beobachter mit Staunen, wie die USA in einem Land agierten, dessen zahlreiche Völker, mit dem Erbe eines kaiserlichen Feudalsystems wie einer Diktatur belastet, sich nicht ohne weiteres zu einem harmonischen Ganzen sortieren lassen wollten. Die Friedenstaube der Demokratie aber wollten die USA nach dem Abgang des Kommunisten Mengistu auf ihre Art mit Flügeln versehen. Im »Headquarter der Observer« tummelten sich reichlich Experten aus Washington, die alle Wahldaten zur wissenschaftlichen Analyse speicherten. Derweil waren die »Observer« mit Geländewagen in einer anderen Welt unterwegs und durften an US-Soldatennahrung knabbern. In der Nacht vor der Wahl wurden einige deutsche Beobachter durch Schüsse aus dem Schlaf geschreckt. Angst erfaßte sie, wie sie wohl damals zum Alltag der Bewohner in der Provinz Oromia gehörte. Bis heute klingt mir der Satz einer kenianischen Kollegin im Team in den Ohren: »Ihr fliegt rein, ihr fliegt raus. Wir Afrikaner bleiben hier, aber ihr entscheidet mit über unser Leben.« Und oft auch übers Sterben – hätte sie hinzufügen können.

Für beides als Folge auswärtiger Intervention bietet Somalia – nächste wichtige Station für das US-Engagement in Afrika – Beispiele. Dort mischten sich die USA im Rahmen einer UN-Mission erst nach langem Zögern ein, nachdem TV-Scheinwerfer den Krieg der somalischen Clans und die Hungerszene dort unübersehbar hell ausgeleuchtet hatten. Die Landung der US-Truppen in Mogadischu im Dezember 1992, von den Kameras des US-Fernsehsenders CNN eingefangen und in alle Welt übertragen, begann als perfekte Inszenierung einer guten Tat der Weltmacht. »Restore hope«, hieß die Operation, die zunächst den Somali die Hoffnung gab, das Land, in dem keine »Ethnien«, sondern machthungrige Clans (traditonelle, weitverzweigte und oft verfeindete Familien- und Interessenverbände) gegeneinander kämpften, könne vor dem Exitus als Staat bewahrt werden.

Dieser Staat hatte sich, nachdem Präsident Siad Barre nach jahrelangen Kämpfen gestürzt worden war, praktisch aufgelöst. Barre hatte dem Land, zunächst von Moskau unterstützt, eine »sozialistische Entwicklung« verordnet. Als die Sowjetunion sich im Krieg um das zu Äthiopien gehörende Somali-Gebiet Ogaden zusammen mit Kuba an die Seite Äthiopiens schlug und Barres Truppen eine vernichtende Niederlage erlitten, suchte und erhielt er die Unterstützung der USA. Ein Seitenwechsel am Horn von Afrika, wie ihn der Kalte Krieg ermöglichte, in dem die Staaten geostrategisch interessante Bauern auf dem Schachbrett der großen Mächte waren.

Bei der Mission, die Ende 1992 zur Rettung der Hungernden begann, standen die UN wie das US-Kommando von Anfang an ohne ein Konzept in der Wüste, wie das somalische Chaos geordnet werden könnte. Die Blitzmission war von Präsident George Bush mit der Maßgabe eingeleitet worden, in den wenigen Wochen bis zum Amtsantritt Bill Clintons zum Ruhme Amerikas abgeschlossen zu werden. Sie sollte in erster Linie dazu dienen, die Verteilung der internationalen Nahrungsmittelhilfe für die Hungernden sicherzustellen. Die Rambos und Raubritter aus den Reihen der Clans behinderten die Nothilfe nicht nur, sie klauten die eingeflogenen Nahrungsmittel und finanzierten den Waffennachschub durch deren Verkauf.

Zwar konnten die bewaffneten US-Samariter beim Füttern der Somali durchaus rasche Erfolge verzeichnen. Doch rächte sich, daß das US-Kommando das Risiko einer Entwaffnung der somalischen Milizen – wie von den UN und Teilen der internationalen Einsatztruppe gefordert – nicht eingehen mochte. Vor allem die Gefolgsleute des Clanchefs Mohammed Aidid schossen bald auch auf Blauhelme scharf und verwickelten die US-Soldaten in den Krieg. Zwar konnten die US/UN-Truppen den Hunger besiegen und Zehntausende Somali retten. Aber dem humanitären Erfolg folgte die Verstrickung in den Krieg der Clans. Die US-Truppen wurden bei der Jagd nach dem Warlord Mohammed Aidid selbst zur Kriegspartei, deren Militäreinsätze Hunderte Opfer unter Zivilisten forderten. Viele Somali, die den US-Truppen zunächst zugejubelt hatten, verwandelten sich in Feinde. Per Steckbrief wie im »wilden Westen« und mit Spezialkommandos ließ das Militär der Weltmacht den Clanführer Aidid als großen Bösewicht jagen. Doch Aidid wurde nicht gefangen. Er starb 1996, nachdem er bei Kämpfen somalischer Rivalen schwer verletzt worden war. Seither führt sein Sohn die politischen Geschäfte des Clans.

Die US-Aktion am Horn von Afrika, von Fernsehbildern

des somalischen Elends ausgelöst und von einer Welle des Mitleids getragen, endete mit Bildern, die einen Schock in den USA auslösten. Johlende Somali schleiften den toten, halbnackten Körper eines US-Hubschrauberpiloten durch den Staub von Mogadischu. Und auch dieses Bild machte Politik. Die Weltmacht zog sich Ende 1993 nach Demütigungen und Blessuren aus dem somalischen Chaos zurück. Die USA, als Retter nach Somalia gekommen, gaben als neue Parole für Afrika aus: Helft euch selbst. In einem internen UN-Bericht hieß es später, es sei falsch gewesen, dem Land eine Lösung von außen aufzwingen zu wollen. Auch die deutsche Bundeswehr hatte sich im somalischen Belet Huen erstmals in das Abenteuer eines internationalen Einsatzes gestürzt. Die Soldaten taten dort mangels anderer Betätigungsmöglichkeit als »Entwicklungshelfer« zweifellos Gutes. Dessen Spuren verwehten aber schon bald nach ihrem Abzug und dem erneuten Zugriff der Milizen Aidids. Einsätze in Afrika gelten seither auf der Hardthöhe ebenso wie im Pentagon als abgehakt. Immerhin hat sich in der deutschen Afrikapolitik nach den Somalia-Erfahrungen und einer breiten öffentlichen Diskussion die Erkenntnis durchgesetzt, daß vorbeugen besser als intervenieren ist – zumal in der wachsenden Zahl der innerstaatlichen Krisen und Konflikte. Doch trotz vereinzelter Schritte der Unterstützung von Prävention und kleiner Erfolge – etwa im Tuareg-Konflikt in Mali – sind nicht nur die deutschen Ansätze und Anstrengungen der Kriegsverhütung ingesamt eher bescheiden.

Die Republik Somaliland, ein Gebiet im Nordwesten Somalias, früher Britisch-Somalia, hatte sich schon im Mai 1991 für unabhängig erklärt, ohne dafür internationale Anerkennung zu finden. Sie beendete damit die 1960 nach der Unabhängigkeit freiwillig eingegangene Union mit dem ehemals italienischen Treuhandgebiet Somalia. In dem Gebiet, das unter der Vernachlässigung durch die Zentralregierung in Mogadischu und der Repression der Barre-Armee gelitten hatte, ist es gelungen, aus eigener Kraft – ohne große UN- oder andere auswärtige Hilfe – vergleichsweise friedliche staatliche Strukturen aufzubauen.

Die Clinton-Regierung, nach den Somalia-Erfahrungen an weiteren Leichensäcken aus Afrika nicht interessiert, verlegte sich auf die Unterstützung von Regierungschefs und Allianzen, die ihr nützlich waren und indirekte Einflußnahme ermöglichten. Sie förderte – aufgerüttelt nicht zuletzt durch den Völkermord in Ruanda von 1994, bei dem sie untätig geblieben war – die Bildung einer afrikanischen Eingreiftruppe, die künftig heikle »Befriedungsaktionen« mit finanzieller und beratender Unterstützung der USA wie der Europäer erledigen soll. Und sie förderte jene Politiker, die Selbstkritik an den »afrikanischen Verhältnissen« übten und Wohlverhalten in Fragen der Marktwirtschaft zeigten sowie sich der »höheren Weisheit« von Weltbank und Währungsfonds beugten. Wie die Dominosteine in einem neuen Spiel suchte Washington diese »guten Führer« um sich zu sammeln, die nicht unbedingt Musterschüler im Fach Demokratie nach westlicher Prägung sein mußten. Auch die USA setzten nun auf die »afrikanische Variante«, die nicht »mit westlichen Maßstäben« zu messen ist.

Besonders eigenwillig wird diese Variante von Yoweri Museveni, dem Präsidenten Ugandas, praktiziert. Und gerade ihm dachte Washington eine Schlüsselrolle zu. Museveni, der 1986 mit seiner »Widerstandsarmee«, in der ruandische Offiziere und Soldaten eine wichtige Rolle spielten, die Macht übernahm, hält prinzipiell an seinem ureigenen Modell eines Kein-Partei-Staats fest, hat aber eine Volksabstimmung darüber in Aussicht gestellt. Ugandas politischem Dachverband »Bewegung« gehören durch Gesetz alle Bürger an. Parteien sind in diesem System zugelassen, dürfen aber nicht aktiv werden, solange die »Bewegung« herrscht. Praktisch sind sie völlig lahmgelegt und können lediglich ihren Parteisitz geöffnet halten, aber keine Konferenzen veranstalten, keine Programme entwerfen oder Funktionäre wählen. Öffentliche Versammlungen sind verboten. Die »Bewegung«, die Museveni 1998 (ohne Gegenstimmen) zum Vorsitzenden wählte, soll nach offizieller Lesart das Volk einen und die ethnischen und religiösen Spannungen überwinden helfen, die in der Vergangenheit zu Bürgerkriegen geführt haben. Im Jahr 2000 und später alle fünf Jahre sollen die Ugander entscheiden dürfen, ob sie diese Art der »Demokratie von oben« beibehalten wollen oder ein Mehrparteiensystem vorziehen. An internen Kritikern dieser allzu geregelten »Demokratie« fehlt es nicht. Der ehemalige Minister Dani W. Nabudere spottete über das Lob ausländischer Diplomaten für die neue Verfassung und riet der britischen Ministerin für Entwicklungshilfe, die Ugandas System als »besonderen Ansatz« pries, von dem andere lernen könnten, doch Tony Blair mal die Einführung des Kein-Partei-Systems zu empfehlen.

Um Verständnis wirbt dagegen Bonns ehemaliger Afrika-Beauftragter Ganns. Man solle ruhig Politiker wie Yoweri Museveni »in diesem Afrika ihren Weg gehen lassen, sosehr wir meinen, daß das noch nicht genug Demokratie ist«. Ihr Weg führe zumindest in die richtige Richtung und schränke die Menschenrechtsverletzungen ein.

Bill Clinton jedenfalls wies Museveni – ungeachtet aller Kritik an seiner Demokratiepraxis – bei seinem Besuch in Kampala eine Spitzenposition in der Riege moderner US-gestützter afrikanischer Führer zu. Eine 1997 in London erschienene Biographie (»Sowing the Mustard Seed«) und ein Interview in Ugandas Regierungszeitung »New Vision« vom Frühjahr 1997 gewähren tiefe Einblicke in Gedankenwelt und politischen Ehrgeiz Musevenis. In »New Vision« legte er seine Vision der »Vereinigten Staaten von Afrika« als eines Wirtschaftsraumes mit künftig riesigem Potential dar und ließ sich als »Architekt von Regierungen an der Macht und im Wartestand« feiern. Damals, Laurent Kabila machte sich gerade auf, Präsident der Demokratischen Republik Kongo zu werden, schilderte das Blatt Musevenis weitgespanntes Wirken in leuchtenden Farben: »Er hatte etwas zu tun mit den Revolutionen in Äthiopien und Ruanda und nun in Zaire, und bald wird erwartet, daß er seine Hilfe für die sudanesische SPLA auf ihrem Marsch nach Khartum verstärken wird. Heute erstreckt sich sein Einfluß vom Roten Meer bis zum Atlantischen Ozean, von Äthiopien bis nach Zaire, die Weite und Tiefe Ost- und Zentralfarikas umfassend.« Die USA, kein Zweifel, wollten den Glanz dieses Einflusses nutzen, zumal ihnen Museveni bereits als Pfeiler ihrer Anti-Sudan-Allianz große Dienste leistete.

Auffällig sind die Ähnlichkeiten zwischen dem ugandischen Präsidenten und anderen Politikern – wie Jerry Rawlings in Ghana, Meles Zenawi in Äthiopien oder Thabo Mbeki in Südafrika –, auf die Washington bislang zählte und wohl weiterhin setzt. Alle vier haben sich von ihren ehemals linken, im Marxismus wurzelnden Positionen entfernt und setzen heute voll auf ökonomischen Erfolg. Alle vier sind starke Persönlichkeiten, die über umfassende Bildung, Witz und Charme verfügen, und alle vier sprechen – last but not least – ausgezeichnet Englisch. Alle vier allerdings treten den USA auch mit einem ausgeprägten Selbstbewußtsein entgegen. Besonders Südafrika zeigt nach der Überwindung der Apartheid keine Neigung, politische Diktate von außen zu akzeptieren. Vielmehr schickt es sich an, selbst ein Hauptakteur auf dem Kontinent zu werden. Auch Ghanas Präsident Jerry Rawlings spielte beim Besuch des US-Präsidenten nicht die Rolle des Bittstellers, sondern propagierte die Devise: Selbst ist der Afrikaner! Ghana, so hat Rawlings auch Besucher aus Deutschland stets wissen lassen, gehe es nicht um Almosen, sondern um die Chance »zur Rückkehr zu Würde und Selbständigkeit durch faire Preise auf dem Weltmarkt«. Museveni schließlich besteht – Bündnisse hin, Bündnisse her – ebenfalls auf Eigenständigkeit. In seiner Biographie poltert er: »Westliche Demokraten kritisieren unser Regierungssystem, aber die ignorieren wir. Ihre Meinung ist nicht unsere Sorge, und selbst sind sie auch nicht vollkommen. Sie erforschen nicht einmal ordentlich die Lage Ugandas, wollen nur ihr eigenes System Uganda überstülpen.«

Es waren Äthiopien und Eritrea, die den USA im Mai 1998 die erste große Schlappe ihrer Afrika-Politik beibrachten. Beide hatten gute Beziehungen zu den Amerikanern unterhalten, aber als die für Afrika zuständige US-Unterstaatssekretärin Susan Rice im Grenzkrieg vermitteln wollte, in dem sich beide Armeen nach der so brüderlichen Trennung von 1993 plötzlich als Feinde gegenüberstanden, scheiterte ihre mit Ruanda gestartete Friedensinitiative. Der Konflikt, von dem sich alle Welt so überrascht zeigte, hatte spätestens mit der Einführung der eigenen eritreischen Währung Nakfa sichtbar zu köcheln begonnen. Wirtschaftlich wie in ihrer Machtausübung waren Issayas Afewerki in Eritrea und Meles Zenawi in Äthiopien von Anfang an verschiedene Wege gegangen. Setzte der eine mit den Kadern des Befreiungskampfes einen Einparteistaat ins Werk, so zeigte sich der andere im Umgang mit der Opposition zwar nicht zimperlich, handelte sich aber mit seinem Modell des »ethnischen Föderalismus« (Bundesstaaten für die einzelnen Völker mit weitgehender Eigenständigkeit) sowie dem Verzicht auf Eritrea und seine Häfen im eigenen Lager viel Kritik ein. Hing Äthiopien einer intensiven Nutzung ausländischer Wirtschaftshilfe an, so verweigerte das kleine Eritrea, mit seinem Entwicklungsmodell Marke Eigenbau schon im Befreiungskampf zum Mythos geworden, am Ende gar die Annahme von Entwicklungsgeldern und schickte selbst regierungsferne Helfer heim. Auch gute Gaben, so hieß es in der Hauptstadt Asmara, könnten abhängig machen. Das Hätschelkind vieler Afrika-Freaks nach der Unabhängigkeit handelte sich damit auch bei guten Freunden den Vorwurf des Starrsinns und der Eigenbrötelei ein. Opfer des Kriegs um einen kleinen

Zipfel Ödland zwischen Eritrea und Tigray und des neuen Hasses, den er schürt, sind Zehntausende Äthiopier, die in Eritrea lebten und nun als »unerwünscht« abgeschoben wurden – ebenso wie Äthiopien in Blitzaktionen Zehntausende Eritreer deportiert hat.

Die nächste böse Überraschung wurde den USA als Folge des Schachspiels des ugandischen Staatschefs um Einfluß in der Region der Großen Seen zuteil. Museveni unterstützte zunächst die Machtübernahme der Tutsi-Rebellen in Ruanda unter Paul Kagame, der ihm als langjähriger Chef seines militärischen Geheimdienstes verbunden war. Kagame wiederum, heute als Vizepräsident und Verteidigungsminister der »starke Mann« Ruandas, mischte bei der Rebellion Laurent Kabilas in Ost-Zaire mit. Sein Ziel war es wohl ursprünglich, Kabila in diesem Gebiet als eine Art Statthalter für Ruandas Sicherheit vor den Hutu-Milizen sorgen zu lassen, die als Täter des Völkermords von 1994 geflohen waren, aber immer wieder Attacken auf ruandisches Gebiet verüben. Statt dessen brach unerwartet rasch Diktator Mobutus Macht und Herrlichkeit zusammen, und Kabila machte sich mit Rückendeckung Ugandas, Ruandas, Angolas und indirekt der USA nach Kinshasa auf, um Präsident zu werden. Das war der Anfang vom Ende der wunderbaren Freundschaft mit seinen Helfershelfern. Der neue Präsident der Demokratischen Republik Kongo suchte sich bald der »Ausländer« zu entledigen, die nun einen neuen Aufstand unterstützten. Diesmal gegen Kabila, der sich nicht eben als »Befreier« entpuppt hatte und sich um die Sicherheit Ruandas vor den Hutu-Milizen nicht scherte, sondern im Gegenteil begann, mit ihnen gemeinsame Sache zu machen. Es gelang dem bedrohten Kongo-Präsidenten, Angola wieder auf seine Seite zu ziehen, ansonsten suchte er sich mit Simbabwe und Namibia neue »Ausländer« als militärische Partner und fand mit Tschad, Sudan und Libyen auch Unterstützer im arabisch-islamischen Lager.

Die USA wollten, nicht zuletzt nach dem Scheitern ihrer Mission in Somalia, in Afrika vorsichtiger agieren. Die Rolle des Elefanten, der afrikanisches Gras zertrampelt, waren sie leid. Das Gras einer schönen neuen Freundschaft mit Afrika ist dennoch bislang kurz geblieben. Das muß nicht heißen, daß Amerikas außenpolitische Berater nun das Konzept ihrer Afrikapolitik restlos aus den Computern löschen. Kabilas gefährliche Kriegsaktionen suchen sie mit hektischer Diplomatie hinter den Kulissen zu stoppen. Ugandas Präsident Museveni bleibt weiter ein Posten auf ihrer Rechnung. In Südafrika stehen kommendes Jahr Wahlen und der (schon weitgehend) vollzogene Rückzug Nelson Mandelas aus dem Amt an – ein Wechsel von entscheidender Bedeutung für die Zukunft nicht nur im südlichen Afrika.

Und schließlich ist da noch Nigeria. Als im Sommer 1998 den Finsterling und Militärdiktator Sani Abacha ein plötzlicher Tod ereilte, zögerten die USA keine Sekunde, ihren Fuß machtvoll in die geöffnete Tür zu schieben. Und sie hatten Glück: Abachas von den Militärs in einer Nacht- und Nebelsitzung bestellter Nachfolger Abdulsalam Abubakar entpuppte sich als Hoffnungsträger für das Land, das von 38 Jahren Unabhängigkeit nur zehn nicht unter der Knute der Militärs verbracht hat. Es klingt wie die Wiederholung eines Märchens, eines Märchens allerdings, das beim ersten Mal ein böses Ende fand. Abubakar will dem Beispiel des von ihm aus der Haft befreiten einstigen Staatschefs Olusegun Obasanjo folgen. Der General hatte Ende der siebziger Jahre unerhört Demokratisches getan: Er war zurückgetreten und hatte die Macht in die Hände einer gewählten Führung gelegt. 1983 war Nigerias Demokratie-Abenteuer schon wieder beendet: die Militärs putschten, Präsident Shehu Shagari und ein Heer seiner Beamten wanderten wegen Korruption ins Gefängnis. Ob Militärs oder Zivilisten herrschten, in Wirklichkeit regierte »dash«, wie das Geflecht aus Korruption und Bestechung in Nigeria genannt wird, das Land. Dash hatte in Zeiten des großen Geldes durch das schwarze Gold die Moral der herrschenden Clicque unterwandert. Es regierte der Größenwahn – bis Nigeria eines Morgens mit einem schweren Kater aus dem Ölrausch aufwachte. Der Segen hatte sich in Fluch, der Reichtum in Schulden verwandelt. Nun aber soll Nigeria erneut seine demokratische Chance haben: Abubakar will die Fäden nur vorübergehend in der Hand behalten und bis Mai 1999 von unten nach oben – von der kommunalen bis zur Präsidentenebene – Wahlen durchziehen.

Nigerias Trumpfkarte im Buhlen um internationale Aufmerksamkeit ist und bleibt das Öl. Aber das bevölkerungsreichste Land Afrikas gilt mit den drei großen Gruppen der Haussa, Yoruba und Ibo sowie zwischen 250 und 400 weiteren Völkern als unregierbar. Das (kollektive) Trauma des Biafra-Kriegs vor mehr als 30 Jahren lastet noch immer auf den Seelen im fragilen Vielvölkerstaat. Auflösung und Zerfall heißen die Gespenster, die in jeder Krise beschworen werden.

Gründe genug für die USA, sich in Nigeria eilends in diplomatische Aktivitäten zu stürzen. Die aber standen zunächst unter keinem glücklichen Stern und weckten das Mißtrauen Oppositioneller. Sowohl UN-Chef Kofi Annan als auch der Unterstaatssekretär im US-Außenministerium Thomas Pickering bearbeiteten bei persönlichen Besuchen den prominentesten Gefangenen und Sieger der annullierten Wahlen von 1993 Moshood Abiola, nach seiner geplanten Freilassung alle Ansprüche auf das Präsidentenamt fahrenzulassen. Abiola, trotz seiner schillernden Biographie Integrationsfigur des Widerstandes gegen Sani Abacha, erlitt während der Visite Pickerings einen Herzanfall. Das Sterben des Oppositionellen – nur wenige Wochen nach dem Ableben des Diktators unter mysteriösen Umständen – nährte Gerüchte, Verdächtigungen und Legenden, die auch dann nicht recht verstummen wollten, als ein internationales Ärzteteam einen natürlichen Tod bescheinigte.

Was wie eine schlecht inszenierte »Räuberpistole« mit zwei unerwarteten Todesfällen begann, schien dennoch bald in ein ebenso unerwartetes Happy-End zu münden. General Abubakar verdiente sich allem Mißtrauen zum Trotz den Titel Hoffnungsträger durch »handeln statt reden«. Er begann selbst in den Reihen des Militärs damit, das nach Korruption stinkende Erbe seines Vorgängers auszumisten. Er ließ politische Gefangene wie den ehemaligen Staatschef Olusegun Obasanjo und die Mitstreiter des hingerichteten Ogoni-Führers Ken Saro-Wiwa frei sowie Literaturnobelpreisträger Wole Soyinka aus dem Exil einreisen und verlieh so seinen Demokratieschwüren Glaubwürdigkeit.

Schneller hat sich in jüngster Zeit in Afrika kein Staat vom Paria zum Partner gewandelt. Nur Laurent Kabila hatte bei seinem Amtsantritt in Kinshasa nach der Vertreibung und Flucht des Diktators Mobutu ähnliche Chancen und hat sie verspielt. Sowohl in Washington wie in Pretoria hat Abubakar Rückendeckung erhalten. Noch war kein Bürger auch nur in die Nähe einer Wahlurne gekommen, da kündigten die USA schon eine enge »militärische Zusammenarbeit« mit dem geläuterten Nigeria an. Der Joker beim demokratischen Wahlprozedere aber bleibt die Frage nach dem Ergebnis: Welche glaubwürdige Persönlichkeit kann bei den Wahlen eine Mehrheit der Nigerianer überzeugen und die Militärs ablösen? Die Nigerianer jedenfalls erfreuen sich einstweilen lange nicht gekannter Freiheiten, und die Sympathien für den stillen, unauffälligen General Abubakar sind ebenso still und unauffällig gewachsen.

Politische Propheten tun sich schwer mit Afrika. Noch immer gilt es, den Satz des ehemaligen US-Korrespondenten in Afrika David Lamb zu beherzigen: »Das erste, was ein westlicher Journalist in Afrika lernt, ist, keine Voraussagen zu treffen. Sie sind gewöhnlich so zuverlässig wie die Wettervorhersagen in Mitteleuropa.« Washington allerdings hat sich in Afrika sogar als »Wettermacher« versucht. Das war kühn, wie die Unwetter zeigen, die erneut über der Großen-Seen-Region aufgezogen sind.

Die Anschläge auf die US-Botschaften in Kenia und Tansania im Sommer 1998 galten den meisten Beobachtern nur als grausamer Zufall in einer kruden, globalen Topographie neuen Terrors. Für andere waren sie doch ein Symbol. Der französische Afrikaspezialist Jean-François Bayart kommentierte mit Blick auf die USA: »Die Operation Kabila in Kongo wurde ein Fiasko. Äthiopien und Eritrea sind im Krieg. Der Glanz des Wirtschafts- und Politikwunders in Uganda strahlt jeden Tag schwächer. Die Terroristen, die in Nairobi und Daressalam zugeschlagen haben, besitzen Sinn für Symbole. Afrika ist tatsächlich die Achillesferse der Clinton-Diplomatie.«

Kein Business as usual

Märkte, Macht und Moneten

> Für mich gibt es keinen Zweifel daran: Afrika kommt. Africa is on the move.
>
> *Daimler-Benz-Chef Jürgen Schrempp in einer Rede anläßlich der Weltbank-Konferenz im November 1997 in Stuttgart*

Tatort, man glaubt es kaum, könnte Afrika sogar wieder für die Wirtschaft werden. Die Frage ist nur, ob sich wirklich Investoren in den ökonomischen Kreislauf afrikanischer Staaten einklinken oder letztlich wieder nur Rohstoffe beiseite geschafft werden. Ein Kolonialwarenhandel wie zu Opas Zeiten. Als US-Präsident Bill Clinton in der ersten Hälfte 1998 bei seiner Safari das Fernsehauge der US-Nation wohlgefällig Markt und Möglichkeiten des schwarzen Kontinents betrachten ließ, da sah alle Welt plötzlich einen breiten Silberstreif am ökonomischen Horizont Afrikas. Diese Weltregion ist tatsächlich das letzte riesige Gebiet, mit dem die USA bisher keine besonderen Handelsbeziehungen pflegten. Bislang hatten die Experten des Westens Afrika stets mit dem Hinweis, daß das Bruttosozialprodukt aller Länder südlich der Sahara lediglich dem Belgiens entspricht, den Platz als ökonomisches Schlußlicht der Welt zugewiesen. Und nun: Der »Hungerkontinent« als neuer Investitionstip, obwohl dorthin bisher nur ein geringer Teil der Direktinvestitionen in Entwicklungsländer fließt? Ein halbes Jahr später galt der ökonomische Aufbruch vielen Kommentatoren schon wieder als Fata morgana, war doch die Riege der US-gestützten »good guys« in Afrikas Regierungen ins Kreuzfeuer neuer Konflikte geraten und in Kongo wieder Krieg ausgebrochen. Die erste Reaktion ist so überzogen wie die zweite. Beide künden von einer Hysterie im Umgang mit

Nachrichten aus Afrika, wie man sie sonst nur von Börsianern beim Aktienhandel kennt. Erst kaufen, dann abstoßen. Armes Afrika.

Was von westlichen Managern und Ökonomen Anfang 1998 zu hören war, erweckte in der Tat den Eindruck, als werde in Afrika nun ein neues Faß aufgemacht und als wolle keiner den Anstich verpassen. Der »Wettlauf« um Märkte und Ressourcen in Afrika sei »in vollem Gange«, hatte bereits im Juni 1997 der südafrikanische Geheimdienst in einem etwa 40 Seiten starken Dossier die Regierung unter Präsident Nelson Mandela am Kap gewarnt. So wußten es »gute Quellen« in Südafrika zu berichten. Und die deutsche »Zeit« gab einem Dossier zum Besuch des US-Präsidenten den Titel »Die Gier der weißen Brüder«. Daß die Südafrikaner ein Auge auf ortsfremde Agenten im Wettlauf um Ressourcen werfen, hat gute Gründe. Politik und Wirtschaft am Kap erheben selbst den Anspruch, auf dem Kontinent künftig ein Wörtchen mitzureden. Vor allem die USA und Frankreich stritten sich dem Geheimdienst-Report zufolge um die dicksten Brocken für ihre Konzerne aus den afrikanischen Fleischtöpfen, aber auch um politische Einflußzonen. Während die großen Bosse der USA und Frankreichs ihren Wettlauf um Zugang zu Bodenschätzen kaum aufgeben dürften, hat sich das politische Gerangel deutlich abgekühlt. Mittlerweile haben beide Seiten politische Niederlagen in Afrika kassiert. Das eint wieder. Es habe nie einen »masterplan« der USA gegeben, sich Afrika politisch unter den Nagel zu reißen, meint mittlerweile der Münchner Politologe Kühne. Alles nur französische Aufgeregtheiten, was juckt Washington schon Afrika?

In der Höhle der Wirtschaftslöwen immerhin herrschte bis zum Sommer 1998 erstaunlich viel Gebrüll. »Emerging Africa« titelte das britische Magazin »Economist« bereits 1997. Eine »Erfolgsstory« machte das Blatt auf dem Kontinent aus, den man nach dem Kalten Krieg nur noch als »Schlucker endloser Wohltaten« gesehen habe. Wachstumsraten für einige Länder im subsaharischen Afrika zwischen 4,4 und bei Spitzenreitern bis zu 8 und 12 Prozent warfen neues Licht auf eine Weltgegend, die man bisher überwiegend in Dunkelheit gewähnt hatte. Das britische Blatt kommentierte: »Afrika braucht immer noch Hilfe. Aber die reiche Welt muß aufhören zu fragen: Was können wir für Afrikas tun? Statt dessen muß die Frage lauten: Wie antworten wir auf die Entwicklung in jenen Ländern, die wirkliche Fortschritte machen, und ermutigen andere, dasselbe zu tun?«

Bei solchen Formulierungen könnte Jeffrey Sachs, der Direktor des Harvard-Instituts für internationale Entwicklung, Pate gestanden haben, der mit Blick auf den »dynamischen Prozeß positiven Wandels« im südlichen Afrika konstatierte: »Nicht Hilfe, sondern der Handel ist zum Wachstumsmotor für die Entwicklungsländer geworden.« Bill Clinton hatte denn schon vor seinem Afrika-Trip beim G-7-Gipfel der großen Industrienationen für den »emerging market« Afrika geworben. Ließ da etwa Asien, vom »emerging supermarket« in die Krise abgestürzt, grüßen?

Noch sind die Staaten, die überhaupt als »Leoparden« zum Sprung ansetzen könnten, an den Fingern abzuzählen. Nicht zufällig machte Clinton just jenen braven Gefolgsleuten des Währungsfonds in Afrikas Präsidentenpalästen die Aufwartung, die die »Früchte ihrer Reformen ernten«, wie Deutschlands konservative »Welt« titelte. Tatsächlich sind Teile Afrikas für private Investoren nicht mehr »out of area«. Vollmundig tönten zumindest einige Spitzenmanager. Coca Cola-Chef Doug Ivester etwa ließ sich vernehmen: »Ich bin sehr scharf auf Afrika.« Man könnte in der Sprache der Werbebranche spotten: »Afrika macht Durst.« Und falls der (Geld-)Regen dann wirklich kommt, steht die City Bank mit Filialen auf Afrikas »jungfräulichen Märkten« bereit. Solch Goldrausch-Prophetie für Handel und Wandel in Afrika nimmt denn doch Wunder. Zwar lagen die US-Exporte nach

Afrika 1996 um 20 Prozent über denen in alle 15 Staaten der ehemaligen Sowjetunion. Doch insgesamt machen die Ausfuhren nach Schwarzafrika nur ein Prozent aller US-Exporte aus. Hunderttausend Arbeitsplätze in den USA, so erfuhr man zur Clinton-Visite, hängen mittlerweile direkt vom Afrika-Geschäft ab. Ein kleiner Schritt für die USA, aber schon ein großer Schritt für Afrika?

In den Chor der Afrika-Optimisten stimmte nach der neuen Melodie aus Washington auch das Bonner Entwicklungshilfeministerium ein: »Die Chancen, Anschluß an die soziale und wirtschaftliche Entwicklung anderer Weltregionen zu finden, sind für die ernsthaften Reformländer deutlich gewachsen.« Rund 40 Länder sah das Ministerium im Begriff, »weitreichende politische und ökonomische Reformprogramme« durchzuziehen. Als »Musterländer« stufte es Ghana, Äthiopien, Uganda, Botswana, Sambia, Namibia und Tansania ein.

Auch Deutschlands Wirtschaftsbosse haben Afrika neu entdeckt. Von Daimler-Chef Jürgen Schrempp angeführt und zu Aktivitäten gedrängt, tun sie sich vor allem mit der Anfang 1997 gegründeten Südliches Afrika Initiative der Deutschen Wirtschaft (SAFRI) hervor. Schrempp outete sich bei einer Weltbank-Konferenz in Stuttgart gar als Afrika-Freak und bekannte, er habe in seinen 14 Jahren als Kundendienstmanager den Kontinent nicht nur kennen-, sondern auch »lieben gelernt«. In der Tat, keine Agentur könnte besser als der Daimler-Chef für den Süden des Kontinents werben. O-Ton aus einem Interview mit der Zeitschrift »epd-Entwicklungspolitik«: »Wir wollen deutsche Unternehmer auf die Vielfalt, die aufgeschlossenen Menschen, die landschaftliche Schönheit und das wirtschaftliche Potential hinweisen.« Der Daimler-Chef sieht »endlosen Bedarf auf praktisch allen Gebieten« für kleine und mittlere Unternehmen aus Deutschland und empfiehlt Investoren, Geld in die Privatisierung kommunaler Versorgungsunternehmen für Wasser,

Strom, Abwasser sowie in die Bereiche Solartechnik, Kommunikation, Infrastruktur Konsumgüter und vor allem die Tourismusbranche zu stecken. Tourismus aber ist nach dem Ende der Apartheid kein Geheimtip mehr und boomt – auch ohne daß SAFRI für ihn die Werbetrommel rühren müßte. Zunächst, so scheint es, bleibt die Initiative, die von den Spitzenverbänden der Deutschen Wirtschaft und dem Afrika-Verein getragen wird, in jeder Menge »good will« stecken. Es gehe nicht »in erster Linie um Fördertöpfe, sondern um die Förderung von Ideen und Kontakten«, sagt Schrempp. An der Strategie der Wirtschaftspartnerschaft mit dem Süden läßt er jedoch keinen Zweifel: »Sie soll einen selbsttragenden Aufschwung in Gang setzen – einen Aufschwung, der allen Beteiligten Vorteile bringt.«

Das liegt voll auf der Linie der USA. Der schwarze Politiker Jesse Jackson, Präsident Clintons Sonderbeauftragter für Demokratisierung in Afrika, ließ sich in Kenia ähnlich vernehmen: »Afrika hat viel anzubieten, die USA haben viel anzubieten, und das bringt uns dazu, gute Freunde zu sein und wechselseitig profitierende Handelspartner.« Zur US-Parole »Handel statt Hilfe« hat Susan Rice, Afrika-Referentin im State Departement, die Richtlinien maßgeschneidert. Der »african growth and opportunity act« soll das Gesetz amerikanischen Handels mit und in Afrika werden. Es sieht die Bildung eines Wirtschaftsforums nach dem Muster des bereits bestehenden Forums mit dem asiatisch-pazifischen Raum vor. Die Wunderwaffe der Marktwirtschaft, eine Freihandelszone mit ausgewählten Staaten bis zum Jahr 2020, wird Afrika in Aussicht gestellt. Dazu winken Schuldennachlässse sowie Darlehensgarantien für afrikanische Investitionen. Doch nur Produkten aus Ländern, die politisches und ökonomisches Wohlverhalten an den Tag legen, soll der unbeschränkte Zugang zum US-Markt gewährt werden.

Das Echo aus den Reihen der so umarmten Afrikaner war

zwiespältig. Während sich Uganda begeistert zeigte, betrachtete vor allem Südafrika die Washingtoner Initiative eher als Knebel denn als Liebesbeweis. Dafür hatte unter anderem der Satz des Abgeordneten der Demokraten Charles Rangel im Repräsentantenhaus gesorgt: »Mit Hilfe dieser Maßnahme werden wir die Kolonialmächte vertreiben, und Amerika wird wieder die Nummer eins sein.« Auch unter den Afrika-Lobbyisten in den USA regte sich Widerstand. Eine »faktische Rekolonisierung Afrikas« machte gar Randall Robinson von der in Washington ansässigen TransAfrica aus. Südafrikas Präsident Nelson Mandela äußerte »ernste Vorbehalte«, und sein Washingtoner Botschafter Franklin Sonn monierte »einen Verstoß gegen unsere Souveränität«. Nur bei auch (außen-)politischem Wohlverhalten sowie demonstrativen Kniebeugen vor den Gesetzen des Kapitalismus, so der Eindruck am Kap, sollten einige wenige die Vorzugsbehandlung des Gesetzes genießen. Von »sehr harten Bedingungen im Gegensatz zu anderen derartigen Vereinbarungen« sprach Rob Davies, der Vorsitzende der Parlamentskommission für Handel und Industrie in Südafrika. Derweil hatte Susan Rice das Ziel des Gesetzes klar definiert als »Beschleunigung der Integration Afrikas in die Weltwirtschaft«.

Ähnlich spricht in Brüssel auch Kommissar Joao de Deus Pinheiro über das »Partnerschaftsabkommen«, das den alten Lomé-Vertrag zwischen der Europäischen Union und 71 Staaten Afrikas, der Karibik und des Pazifik (AKP) ersetzen soll. Auch die EU will künftig mehr Gewicht auf die Entwicklung der privaten Wirtschaft legen und eine Freihandelszone schaffen, die es den AKP-Staaten »auf längere Sicht« ermöglicht, an einem liberalisierten Handelssystem teilzunehmen.

Daß von Fairneß beim Handel bisher kaum die Rede sein kann, zeigt allein das Beispiel, daß mit deutscher Hilfe zwar Fabriken zur Herstellung von Tomatenmark in Marokko gebaut wurden, das Produkt dann aber nicht in Europa verkauft werden durfte. Was die Handelsbeziehungen mit dem südlichen Afrika angeht, so müßte die EU in den laufenden Verhandlungen erst zeigen, ob sie zum Abbau der bestehenden hohen Schranken wirklich bereit ist. Freie Marktwirtschaft, das lernten die Afrikaner bisher im Verhältnis zu den USA und zur EU, gilt nicht für jeden und nicht überall.

Große ökonomische Bedeutung wird denn auch der neuen US-Handelsinitiative für Afrika vorerst nicht beigemesssen. Schließlich sind 70 Prozent der afrikanischen Exporte in die USA derzeit Rohöl, was nicht eben auf einen regen Handel und Wandel im üblichen Rahmen hindeutet. Auch der Anstieg der US-Importe aus Afrika ist im wesentlichen auf höhere Öleinfuhren aus Nigeria, Angola, Kamerun und Gabun zurückzuführen.

Das Werben der USA für »Handel statt Hilfe« ist Bestandteil der amerikanischen Überzeugung, gute Geschäfte seien auch gut für die Entwicklung. Dieser Logik entspricht denn, daß Washington bei der Entwicklungshilfe für den Kontinent weit hinter Frankreich, Deutschland und Großbritannien rangiert. Aber die Mehrzahl der ärmsten Länder der Welt liegt nach wie vor in Afrika, und ihre Chancen, daß sie der wohlgefällige Blick von Investoren auch nur streift, sind miserabel, wenn sie nicht über Bodenschätze verfügen. Die Abnabelung von der Entwicklungshilfe kann für Afrika deshalb nur Fernziel sein. Sonst sind es im »freien Spiel der Kräfte« vor allem die Ärmsten, die auf der Strecke bleiben. In einigen Fällen allerdings wären die Staatshaushalte zweifellos saniert, könnte man das Geld eintreiben, daß Kleptokraten in höchsten Staatsämtern auf Schweizer Nummernkonten oder ins befreundete (zum Beispiel französische) Ausland geschafft haben.

Im Jahrzehnt nach dem Ende des Kalten Krieges ist die Hilfe der Industrienationen für die Entwicklungsländer deutlich geschrumpft. In seinem jüngsten Tätigkeitsbericht nannte

UN-Generalsekretär Kofi Annan die Zahl von durchschnittlich nur noch 0,19 Prozent des Bruttosozialprodukts in der Gruppe der sieben größten Industriestaaten, die zu den reichsten der Erde zählen. Das ist weit entfernt von den beim Rio-Gipfel für Umwelt- und Entwicklung auch vom damaligen deutschen Kanzler Helmut Kohl noch im Munde geführten 0,7 Prozent, die eigentlich Ziellinie sein sollten. Deutschland liegt nicht einmal bei der Hälfte dieses Betrages, und inzwischen frißt die Nothilfe immer mehr davon auf. Die viel gepriesenen ausländischen Direktinvestitionen jedenfalls machen den drastischen Rückgang der Hilfe nicht wett. Das stellt auch Kofi Annan in seinem Bericht unverblümt fest.

Nach der Devise »Helft euch selbst, dann hilft euch der Markt« zeigt man Afrika mehr und mehr die rote Karte. Dabei predigen auch dort schon einige Politiker fleißig aus der Bibel des Neoliberalismus: Privatisierung, Deregulierung, Globalisierung – die neuen Folterinstrumente des allein verbliebenen Modells Kapitalismus sind durchaus bekannt und werden teilweise sogar eingesetzt. Aber auf dem Weg in die schöne neue Welt moderner Ökonomie türmen sich die alten Hindernisse, die sich mangels Investoreninteresse weiterhin nur mit Hilfe von außen überwinden lassen. Armut, Gesundheitsprobleme, Mangel an Bildung, Kapital, Fachkräften und Know-how. Dazu kommen nach wie vor Schuldenberge, die bei sinkenden Rohstoffpreisen wachsen und wachsen.

Sind also all die schönen Worte von afrikanischen »Leoparden« und keimendem Wirtschaftswachstum nichts als Schaumschlägerei? Ist die Weltbankstudie, die Teile Afrikas nach hartem Training in guter Form sah, bereits Makulatur? Fortschritte von einem niedrigen Niveau aus machen in den Statistiken einfach mehr her, warnen Skeptiker des Afrika-Booms. Und im Sommer 1998 ließ (Pech für die Aufsteigermärkte in Afrika) die Asien-Krise nachhaltig grüßen. Südafrikas Randwährung wurde plötzlich von den kalten Unterströmungen globaler Finanzspekulation erfaßt und ihr Kurs abwärts gerissen. Im Vergleich zu anderen »aufstrebenden Märkten« (wie Brasilien) steht die Republik am Kap noch stabil da, aber die Talfahrt der Rezession hat erst begonnen. Afrika nimmt auch Journalisten immer wieder mit auf eine Achterbahnfahrt, in der es mal jauchzend bergan und dann wieder krachend bergab geht.

Bodenschätze und Bosse

Schwarzes Gold und schmutzige Geschäfte

> Die Bar auf dem Flughafen ist von Menschen besetzt, die weiß, männlich und englischsprachig sind: Mit texanischem oder walisischem Akzent, lautem Lachen und großen Bizeps, um Bierkrüge zu stemmen. Sie feiern ihre Rückkehr ins Land, die Taschen voll vom Öllohn. Luanda erlebt den Goldrausch der modernen Zeiten: ein ununterbrochener Strom von Männern, Geld und dicken Wagen für die Ausländerghettos.
>
> *Die französische Zeitung »Libération« im Sommer 1998*

Der Reichtum der Ressourcen Afrikas lockt sie alle – ob Regierung oder Rebell, ob Franzose, Amerikaner, Brite, Kanadier oder Südafrikaner. Was es zu holen gibt für in- und ausländische Schatzsucher, ist kein Geheimnis: In der Erde Afrikas ruhen unter anderem die größten Diamantenlager der Welt (mehr als 90 Prozent), die Hälfte aller Goldvorkommen, überreichlich Chrom (94 Prozent), Platin (73 Prozent), Kobalt (53 Prozent). Dazu Kohle (Südafrika, Simbabwe, Sambia) und schließlich im Boden wie unterm Meeresgrund das wegen weltweit schwindender Ressourcen so heiß begehrte schwarze Gold: Öl, Öl, Öl – darum und weniger um »politische Meisterpläne« dreht sich das große Rad der Konkurrenz zwischen Franzosen und Amerikanern. Im Bergbau-Bereich, wo es um die Ausbeute von Gold, Diamanten oder Kobalt geht, treffen die US-Konzerne dagegen vor allem auf Südafrikaner, Briten und Kanadier.

Ein wichtiges Schlachtfeld der Ölinteressen ist Angola. Seit vor dessen Küste eine der vermutlich größten Lagerstätten des schwarzen Goldes im Bereich der südlichen Halbkugel entdeckt wurde, tummeln sich dort die Prospektoren aus aller Welt, sind alle von einem Ölrausch benebelt, der seinesgleichen sucht. Von der Mündung des Cuenene-Flusses in Angola bis hinauf zur Elfenbeinküste reihen sich nun die Ölfelder wie auf einer Perlenschnur. Das macht internationalen Konzernen mächtig Appetit. War Angola zunächst bevorzugtes Geschäftsterrain der US-Ölmultis, so fördert Frankreichs Konzern Elf Aquitaine (sonst unter anderem in Nigeria, Kamerun, Gabun, Kongo-Brazzaville aktiv), heute 10 Prozent seiner weltweiten Produktion aus Quellen in Angola und ist nach dem US-Konzern Chevron die Nummer zwei am Ort. Mit Total ist seit 30 Jahren ein zweiter französischer Konzern in Angola aktiv. Total hat immerhin US-Texaco bei den Fördermengen überrundet. Die Elf-Prospektoren aber sind noch besser. Sie haben in den vergangenen zwei Jahren in 1400 Meter Tiefe ein lukratives Feld nach dem anderen entdeckt und den gewaltigen Ölflecken allesamt blumige Namen wie Girasol, Dhalia, Rosa gegeben. Konkurrenz herrscht zwar bei der Ölsuche, doch Kumpanei und Kooperation bei der Ausbeute. Abmachungen sorgen dafür, daß mehrere Konzerne zum Zuge kommen und beim großen Ölabpumpen insgesamt niemand leer ausgeht.

Die offenbar märchenhaften Schätze, auf die Elf 1997 im sogenannten Block 17 gestoßen ist, mußte das Unternehmen jedoch mit »Lobbyarbeit« der besonderen Art und wohl auch beträchtlichen Dollarsummen an Angolas Staatskonzern Sonangol aufschließen. Dieser Einsatz war nötig, nachdem Paris einen gravierenden politischen Fehler gemacht und in Angola bei den Wahlen 1992 auf das falsche Pferd, den Chef der Unita-Rebellen Jonas Savimbi, gesetzt hatte. Der Präsident hieß dann Eduardo dos Santos, und er verdächtigte Elf mit gutem Grund, die Separatisten der Flec in der Ölenklave Cabinda unterstützt zu haben. Inzwischen hat der französische Konzern den herrschenden Machtverhältnissen 1997 durch tätige Mithilfe bei der Vertreibung des Präsidenten Pascale Lissouba im benachbarten Kongo-Brazzaville Rechnung getragen. Nicht zuletzt, weil sich die Elf-Interessen mit denen Angolas günstig trafen. Lissouba hatte Luanda durch Schützenhilfe für die Unita verärgert und Elf durch die Sympathien für das US Unternehmen Occidential Petroleum. Nach dem Coup in Brazzaville und dem Elf-Erfolg in Angola müssen sich zumindest Frankreichs Patrone trotz der jüngsten Fehlschläge der Pariser Politik in Afrika nicht mehr im Hintertreffen sehen.

Auch wenn sich zwei französische Firmen in Angola gut ins Geschäft gebohrt haben, dreht vorrangig eine stattliche Zahl von US-Konzernen am Ölhahn, zu denen neben Chevron Weltfirmen wie Texaco, Conoco und Exxon zählen. Chevron hat sich wie Elf mit einem eigenen Öl-Großfund gemeldet und will in den kommenden Jahren mehrere Milliarden Dollar in seine angolanischen Ölabenteuer stecken. Auch Exxon liegt gut im Rennen und verzeichnete 1998 an der New Yorker Börse einen mächtigen Sprung der Aktienkurse nach oben, als im Block 15 kurz hintereinander der dritte große Ölfund gemacht wurde. Wie wichtig Afrikas Öl als Schmiermittel für die US-Wirtschaft angesichts der schwindenden Ressourcen im eigenen Land ist, hat Außenamtssprecher Jack Rubin aus Anlaß einer Reise seiner Ministerin Madeleine Albright nach Angola verraten. Die USA setzten darauf, in Angola bald wesentlich mehr Öl abzuzapfen als in Kuwait vor dem Golfkrieg, beschrieb er Washingtons Interessen. Dieser Macht des Faktischen trug Mrs. Albright Rechnung und setzte sich an Ort und Stelle für Fotografen werbeträchtig den Chevron-Helm auf den ansonsten so eigensinnigen Kopf. Frankreichs Präsident Jacques Chirac, im Sommer 1998 in Begleitung zahlreicher Geschäftsleute demonstrativ auf Rundreise im südlichen Afrika wie kein französischer Staatschef vor ihm, traf in Angola ebenfalls wie gerufen ein. Es stand die Vergabe eines weiteren

Stücks Meeresgrund für die Ölprospektion an, und Elf und Total hatten sich um den Zuschlag beworben. Chirac ließ unverblümt wissen, Ziel seiner Tournee sei es, »Voraussetzungen für das Eindringen« in das südliche Afrika zu schaffen, natürlich »ohne irgend jemandem den Platz wegzunehmen«.

Wie wichtig die Bodenschätze für Afrikas Regierungen zur Refinanzierung sind, dafür ist Angola ebenfalls Beispiel. Das Land hat seine Ölproduktion auf Jahre hinaus als Sicherheit für Kredite verpfändet, und wegen des Absakkens der Ölpreise schrumpft seine wichtigste Deviseneinnahme. Um die Pleite aufzuhalten, versuchte Angola im August 1998, beim Internationalen Währungsfonds (IWF) Geld lockerzumachen, aber dieser war wenig geneigt, da die Regierung sich weigerte, offenzulegen, wofür sie ihre Öleinnahmen verwendet. Eine IWF-Mission, die Angola auf die Schliche kommen wollte, schätzte ein, daß mindestens die Hälfte des Öllohns in Kanäle außerhalb des Staatsbudgets fließt. Der Regierung helfen offenbar auch der Profit versprechende Exxon-Ölfund und mögliche Einnahmen aus der Ausbeute zweier jüngst entdeckter Diamantenfelder durch das Unternehmen Endiama-De Beers nicht mehr recht aus der Patsche.

Angolas Regierung braucht Geld – viel Geld –, um die militärischen Einsätze innerhalb wie außerhalb seiner Grenzen zu finanzieren. Beim Öl wie bei den Diamanten hat die Regierungselite um Präsident Dos Santos kräftig mit abgesahnt. Ist beim Ölpoker erst alles verspielt, dann sind zwar etliche der Regierenden und natürlich die Waffenhändler auf ihre Kosten gekommen, nicht aber die Menschen in dem geplagten Land, in dem ein neuer Krieg auszubrechen droht. Was der Regierung recht ist, war im übrigen den Rebellen der Unita im endlosen Bürgerkrieg stets billig. Sie finanzierte ihre Chefs und deren militärische Aktivitäten mit der Ausbeute der Edelsteinvorkommen in den Flußläufen im

Nordosten Angolas und den Diamanten aus den Provinzen Lunda Norte und Lunda Sul. Die nimmt sie offenbar beim neuen Krieg auf bisher kleiner Flamme wieder ins Visier.

Wer immer sich im heutigen Afrika Rebell mit einiger Gefolgschaft nennt, strebt ebenso auf schnellstem Wege nach Zugang zu vermarktbaren Bodenschätzen. Laurent Kabila wurde schon während seines Vormarsches von American Mineral Fields (AMF) unter anderem durch Bereitstellung eines Jets hofiert. Das Kalkül schien aufzugehen, sprach er doch AMF noch in Rebellenuniform die begehrte milliardenschwere Konzession für die Kolwezi-Mine zu, die wie alle Kupfer und Kobaltvorräte von der staatlichen Bergbaubehörde Gécamines kontrolliert wurde. AMF-Chef Robert Steward legte gar in der Hoffnung auf weitere Marktchancen im neuen Kongo sein Amt nieder und widmete sich für die US-Firma Bechtel Inc. der Aufgabe, dem starken Mann Kabila kostenlos einen Plan für die Wiederauferstehung des Landes zu erstellen. Doch die hochfliegenden Pläne zerschellten rasch. Kabila war weniger an Aufbauhilfe für das abgewirtschaftete Riesenreich interessiert als vielmehr an Karten über Kongos Rohstofflager und die dort winkende Beute, über die er sich Auskunft durch US-Satellitenfotos in Bechtels Besitz erhoffte. Ob und wie weit die Interessen der US-Konzerne in Kongo mit dem politischen Engagement des Weißen Hauses bei der Vertreibung des Diktators Mobutu Hand in Hand gingen, liegt im dunkeln. Fest steht hingegen, daß beide US-Unternehmen mit ihren cleveren Plänen scheiterten. Die Firma Bechtel, weil sie Kabila die begehrten Satellitenfotos nicht herausrücken wollte, und AMF, weil Präsident Kabila befand, was Rebell Kabila unterschrieben habe, sei nicht das Papier wert, auf dem es stand. Was blieb, waren Rechtshändel, zumal Kongos Präsident offenbar seine Verfügungsgewalt über die Bergwerke großzügig nutzt und im Zweifel mehreren Interessenten gleichzeitig den Zugriff verspricht.

Im 1998 neu ausgebrochenen Kongo-Krieg spielten Bodenschätze wiederum eine wichtige Rolle. Für die nun mit militärischer Hilfe Ruandas gegen Kabila marschierenden Rebellen waren die in den Kasai-Provinzen gelegenen Städte Kananga (als Zentrum des Goldbergbaus) und Mbuji-Mayi (als Zentrum des Diamantenabbaus) strategisch begehrte Ziele. Kabila seinerseits schusterte offenbar einem Unternehmer aus Simbabwe so Lukratives wie die Leitung der Gécamines zu. Da dies nach einem Treffen mit Simbabwes Präsidenten Robert Mugabe geschah, wird gemunkelt, Kabila habe Simbabwe einen Anteil an einem Bergwerk versprochen, um sich für dessen Militärhilfe erkenntlich zu zeigen. Kein Kieg – ob am Kongo oder anderswo – ist frei von Wirtschaftsinteressen. Das »Geschäftsgebaren« Kabilas jedenfalls, der einst sein Geld im Goldschmuggel gemacht haben soll, bleibt undurchsichtig, und wer Kongo-Beute machen will, könnte sich – wie die US-Konzerne – schnell darum geprellt sehen.

100 Tage Völkermord und die Welt sieht weg

Natürlich gibt es kulturelle Unterschiede. Aber Mord ist Mord – in Jugoslawien wie in Ruanda.

Richard Goldstone, der frühere Chefankläger der UN-Tribunale für die Kriegsverbrechen im ehemaligen Jugoslawien und Ruanda 1996 im Gespräch mit der »Frankfurter Rundschau«

Ruanda ist schön. Ein Paradies mit tausend grünen Hügeln, mit Terrassen, kleinteiliger Landwirtschaft, kleinen Häusern und Gehöften. Ruanda ist klein, 26 340 Quadratkilometer klein, aber es zählt zu den am dichtesten besiedelten Ländern der Erde. So schön und so klein dieses Ruanda ist, so aufgeladen mit Spannungen ist es. So sehr, daß die Ausläufer dieser Spannungen die an die Großen Seen angrenzenden Staaten zur Explosion bringen und selbst das Gleichgewicht im südlichen Afrika erschüttern können, wie sich im Sommer 1998 zeigte.

Das liebliche Ruanda war wieder und wieder Ort des Grauens. Dort galt für Mord und Totschlag das Gesetz der Serie. Massaker heißt die Chiffre für Unbeschreibliches. Der (vorläufige?) Höhepunkt des Massakrierens – die 100 Tage des Völkermords von April bis Juli 1994 – drang im »global village« der TV-selektierten Wahrnehmung trotz rasch verbreiteter Bilder des Grauens in seinem Ausmaß nur langsam ins Bewußtsein. Dabei hatte sich das Unheil schon seit 1991 angekündigt, hatte es immer wieder Mordtaten gegeben. Spätestens Ende 1993 wurden auch die UN von ruandischen Offizieren vor einer terroristischen Gruppe im Militär gewarnt, die Massaker im Land plane. Erst als 1994 Berichte über verstümmelte Leichen, die in den Flüssen in den Viktoria-See trieben, oder über die Spuren eines Gemetzels in der katholischen Kirche in Gafunzo zu sehen, hören und lesen waren, wurde für die Menschen außerhalb Ruandas zur Gewißheit, was internationale Gremien längst wissen mußten: daß die Welt es hier mit einem der großen Menschheitsverbrechen dieses Jahrhunderts zu tun hatte. »Unter einer auf dem Rücken treibenden Frau muß noch der Leichnam ihres Kindes sein: man sieht das über ihrem Bauch verknotete Tragetuch. Sie hat die Arme weit ausgebreitet, die Schenkel geöffnet, die Beine angewinkelt, gerade so, als wolle sie über den Tod hinaus noch eine Geste der Wehrlosigkeit machen«, so steht es in einem Bericht des deutschen Afrika-Korrespondenten Wolfgang Kunath aus jenen Tagen.

Wo sich Ratlosigkeit breitmacht und es an einfachen Erklärungen fehlt, haben griffige Einschätzungen Konjunktur: »Es gibt keine Teufel in der Hölle mehr. Sie sind alle in Ruanda«, zitierte das US-Magazin »Time« einen Missionar. Die »Reporter aus der Hölle«, das merkte man den meisten ihrer Schilderungen an, hatten Mühe, Worte zu finden für eine Wirklichkeit, die für viele Menschen beim Betrachten von Fernsehbildern unwirklich, virtuell eben, geblieben war. Hutu morden Tutsi? Was waren das für Menschen? Was geschah da und warum? Wieder so ein »Stammes-Krieg«, kompliziert und unverständlich? Wie gelangt man auf den Grund eines mörderischen Wahnsinns und Hasses, lange geschürt und angestachelt, eines Hasses, mit dem immer wieder Politik gemacht worden ist. Gibt es da nicht »Restwerte«, die sich jeder Erklärung entziehen?

Wenn früher überhaupt etwas erklärt worden ist von der Historie des Mini-Landes, von seiner Gesellschaftsordnung vor dem Eintreffen der Kolonialherren und danach, dann ist das Wort dürftig für das verbreitete Wissen noch eine Untertreibung. Ruanda tauchte auch im Geschichtsunterricht deutscher Schulen höchstens mal kurz auf: Bei der Berliner

Kongo-Konferenz von 1884/85, als die Europäer Afrikas Grenzen ausschließlich nach Maßgabe ihrer Gier festlegten, schlugen die politischen Kuhhändler die fernen Territorien Ruanda und Urundi dem deutschen Kolonialreich zu. Im ersten Weltkrieg besetzte Belgien, das bereits das riesige Belgisch-Kongo im Westen beherrschte, beide Gebiete und verwaltete sie ab 1920 unter Völkerbundsmandat (ab 1946 unter UN-Treuhandschaft) bis zur Unabhängigkeit 1962. Das Schicksal, nur wenig Interesse zu finden, obwohl es deutsche Kolonie war, teilte Ruanda mit anderen Gebieten in Afrika unter ehedem deutscher Herrschaft wie Tansania oder selbst Namibia. Mehr Aufmerksamkeit fand es im Bundesland Rheinland-Pfalz, das eine intensive Partnerschaft mit dem Kleinstaat in Zentralfrika pflegt. Generell aber gilt in deutschen Landen: Zu lange her und zu kurz war sie, die Kolonialzeit, um sich mehr als flüchtig mit ihr zu beschäftigen.

Wenn man es denn heute doch tut, dann kann Erschrecken darüber nicht ausbleiben, wie sehr Deutsche und Belgier unter Nutzung schon bestehender Klassen- und Kasten-Strukturen dem Land eine rassistisch geprägte Ordnung aufpfropften. Berichte von »Entdeckern« aus dem sagenhaften Reich der »weißen Neger« unter König Kigeri Rwabugiri, der nach 1860 die Region beherrschte, hatten den Eindruck vermittelt, daß die Vorfahren der »hellhäutigen« Regenten eingewanderte Viehzüchter aus dem äthiopischen Hochland oder Ägypten waren. Diese in vielen Handbüchern zu findende Darstellung von der Einwanderung der Tutsi-Fremdlinge bezweifelt der Professor für afrikanische Geschichte an der Berliner Humboldt-Universität, Albert Wirz. Er nennt dies Legenden, die durch neuere Forschungen nicht erhärtet worden seien (NZZ-Folio – Zeitschrift der »Neuen Zürcher Zeitung« vom Juni 1997). Sie hätten sich aber in ein verbreitetes »Muster afrikanischer Ursprungsmythen« eingefügt, demzufolge »Staatsgründer gern als Männer beschrieben werden, die von außen kommen, aus dem Wald oder aus dem

Exil«. Die Geschichte, so meint Wirz, sei den Kolonialisten jedenfalls zupaß gekommen. »Ihrerseits Eindringlinge, stellten sie sich in diese Tradition. … Neu war freilich, daß die Europäer, dem Geist jener Zeit entsprechend, die körperlichen Unterschiede zwischen Aristokraten und Bauern als Rassenunterschiede interpretierten. Feldbauern wurden so zu Hutu und Negern erklärt, die Viehhalter zu Tutsi und Hamiten, also weißen Negern.« Selbst wenn man nicht so weit geht wie Wirz: So straff die Lehensherrschaft des Königs auch angelegt war, es konnten in diesem System (Hutu-) Bauern aufsteigen und – oft noch durch Heirat abgesichert – in der Tutsi-Klasse Fuß fassen wie umgekehrt Tutsi abstiegen zu Bauern, wenn sie verarmten. Diese vorkoloniale Klassengesellschaft bot fraglos reichlich Konfliktstoff. Aber Ausbrüche offener Gewalt zwischen beiden Gruppen gab es in jenen Zeiten nicht. Vielmehr fanden die zahlreichen Kriege in dieser Ära nicht zwischen Hutu und Tutsi statt, sondern als gemeinsame »nationale Kriege« gegen benachbarte Klein-Königreiche.

Die deutschen Kolonialisten verschärften das bestehende System. Sie übten ihre Herrschaft indirekt aus, wobei sie die Verwaltung ausschließlich in die Hände der Tutsi legten. Das Hamburger Kolonialinstitut unterschied diese als »europäisierte Afrikaner« von den Hutu. Tutsi waren es, die Zugang zu Posten in der kolonialen Verwaltung, in Wirtschaft oder Kirche erhielten. Die bessere Schulbildung wie die Priesterämter waren ihr Privileg. Machten die Kolonialisten die Tutsi systematisch zu ihren Statthaltern, so ließen sie die Hutu auf den Feldern und in den Kaffee- und Teeplantagen schuften.

Die Belgier »verfeinerten« nach dem Ersten Weltkrieg dieses Rassen-Klassen-System noch. Sie vertrieben die in einigen dichtbesiedelten Landesteilen trotz alledem verbliebenen Hutu-Häuptlinge von ihren Posten und ersetzten sie durch Tutsi. In den dreißiger Jahren verfügten sie, daß der

Vermerk Hutu, Tutsi oder Twa (Pygmäen, circa ein Prozent der Bevölkerung) in die Personalausweise einzutragen war. Wer weniger als zehn Stück Vieh besaß, wurde als Hutu eingestuft. Die »ethnische« Zugehörigkeit wurde vom Vater auf die Kinder vererbt. Belgien begann in dieser Zeit auch, das Landproblem im dichtbesiedelten Ruanda, wo es immer wieder zu Hungersnöten kam, auf seine Weise zu lösen. Für die Plantagen und Minen des Ostkongo wurden Arbeitskräfte benötigt, und so siedelte man Zehntausende aus Ruanda um. In der Kivuprovinz Kongos lebten zu jener Zeit bereits Tutsi-Viehzüchter aus Ruanda, die mehr als hundert Jahre zuvor in diese Gegend gezogen waren. Diese »Banyamulenge«, bildeten 1997 ein wichtiges Reservoir für die von Laurent Kabila angeführte Rebellion in Ost-Zaire und ihre Unterstützung durch ruandische Soldaten beim Marsch auf Kinshasa. Der Grund: Sie wurden vom damaligen Präsidenten Mobutu Sese Seko, der Opferlämmer zur Besänftigung regionaler Konflikte brauchte, schikaniert, verfolgt, der Staatsbürgerschaft beraubt, der Hetze preisgegeben. Nur ein Beispiel dafür, welch kaum noch zu entwirrendes Knäuel von Interessen mit dem Hutu-Tutsi-Konflikt auch in den Nachbarländern entstanden ist.

Im kolonialen Ruanda begann sich in den fünfziger Jahren das politische Blatt zu wenden. Dabei zeigte sich bald, daß sich die gesellschaftlichen Schäden nicht reparieren ließen. Die »Korrektur«, mit der Belgien durch das Besserstellen der Hutu die sich abzeichnenden Aufstände zu verhindern suchte, mündete in einen Machtkampf, in dem beide Seiten, Hutu wie Tutsi, Aggressionen schürten. Schon vor der Unabhängigkeit entlud sich 1959 der Haß in Pogromen. Hunderttausende Tutsi flohen in die Nachbarländer, wo einige in Wirtschaft, Verwaltung oder Schulen rasch aufstiegen. In Ruanda selbst kehrten sich die Machtverhältnisse um. Der Tutsi-König wurde gestürzt und durch ein Hutu-Regime ersetzt, noch bevor 1962 die Unabhängigkeit ausgerufen wurde.

1973 putschte sich General Juvenal Habyarimana an die Macht. Die im Land verbliebenen Tutsi waren unter der repressiven Hutu-Macht nun ihrerseits der Diskriminierung ausgesetzt. Mehrfache Versuche, auch mit militärischer Gewalt und Unterstützung der im Ausland lebenden Tutsi wieder die Oberhand in Ruanda zu gewinnen, endeten regelmäßig mit Massakern und neuen Fluchtwellen. Die Liste dieser Pogrome ist lang; sie ereigneten sich 1959, 1961, 1963, 1973 und 1990 bis 1994 – mit noch nicht absehbaren Folgen für die gesamte Region. In den Nachbarländern, vor allem in Zaire, Tansania und Uganda, entstand eine Art Tutsi-Diaspora. Aber auch zahlreiche Hutu, die in Opposition zum Habyarimana-Regime standen oder von den Pfründen der Machtclique ausgeschlossen waren, verließen das Land.

Die letzte Massaker-Periode fiel zusammen mit dem erneuten Kampf um die Macht, den Tutsi-Rebellen 1990 von Uganda aus starteten. Viele dieser Rebellen der Patriotischen Front (FRP) – auch der heutige Vizepräsident und Verteidigungsminister Ruandas, Paul Kagame – hatten in der National Resistance Army Ugandas gekämpft, mit der 1986 Präsident Yoweri Museveni die Macht errang. Die ruandischsprachigen Einwanderer nahmen unter Museveni Schlüsselpositionen in Partei und Armee ein, stießen aber durchaus nicht in allen Teilen der Bevölkerung Ugandas auf Sympathien. Der Wunsch zur Rückkehr nach Ruanda wuchs.

Etwa zur selben Zeit wuchs der Druck in und auf Ruanda. Machthaber Habyarimana mußte Zugeständnisse machen, die zur Gründung von Parteien und 1992 zur Bildung einer Mehrparteien-Übergangsregierung führten. Dank internationaler Vermittlung billigten Regierung wie Rebellen 1993 im tansanischen Arusha ein Abkommen, das die Bildung einer gemeinsamen Regierung vorsah. Sie sollte 22 Monate amtieren und das Land zu freien Wahlen führen. Der Friedensvertrag regelte auch die Integration beider Seiten in die Armee, die Rückkehr Vertriebener innerhalb Ruandas in ihre

Heimatregionen und Hunderttausender Flüchtlinge aus dem Ausland.

Doch dieses ideale politische Gesamtkunstwerk kam nicht zustande. Immer wieder, insgesamt viermal, wurde die Regierungsbildung verschoben. Ein UN-Kontingent von 2 500 Mann sollte bei der Umsetzung des Arusha-Vertrages helfen. Im Frühjahr 1994 eskalierte die im Lande andauernde Gewalt. Das Habyarimana-Regime hatte längst radikale, ihm nahestehende Hutu bewaffnet. Diese Interahamwe-Milizen (interahamwe heißt soviel wie zusammenarbeiten) wurden zum Mordwerkzeug der Regierung.

War dies der ungute Stand der Dinge in Ruanda, so sah es in Burundi, dem unglücklichen Zwilling Ruandas, das mit derselben durch die Kolonialisten verschärften Zweiteilung der Gesellschaft geschlagen war, zu dieser Zeit kaum besser aus. Auch dort bildeten Hutu die Mehrheit der Bevölkerung. Anders als im Nachbarland konnte die Tutsi-Minorität sich jedoch auch nach der Unabhängigkeit an der Macht behaupten, seit 1966 mittels einer Militärdiktatur. Auch hier wechselten sich Aufstände mit Massakern als »Vergeltung« ab, flohen in Wellen Hunderttausende in Nachbarländer. Die Häufigkeit der mörderischen Akte stand dem tödlichen Wüten in Ruanda kaum nach: 1966, 1972, 1988, 1991 und 1993 bis 1996 sind Jahre, die mit Blut markiert im Kalender stehen. Etwa eine Viertelmillion Hutu wurde bis zu Beginn der neunziger Jahre ermordet, hunderttausend Menschen, darunter gezielt die des Lesens und Schreibens kundige Hutu-Bevölkerung, sollen allein 1972 massakriert worden sein. Die Zahl der Toten in den vergangenen fünf Jahren – wegen des Genozids in Ruanda und der nachfolgenden Ereignisse in Zaire/Kongo international kaum wahrgenommen – wird auf bis zu 200 000 geschätzt.

Auch Burundi erlebte dank internationalem Druck eine Demokratisierung. Sie führte 1993 zwar zu Präsidentenwahlen, aus denen der Kandidat der Hutu-Partei Melchior

Ndadaye als Sieger hervorging. Doch wurden er und etliche seiner Minister bereits im selben Jahr vom Tutsi-Militär bei einem Putsch umgebracht. Nachfolger des ermordeten Präsidenten wurde Cyprien Ntaryamira. Er starb gemeinsam mit Ruandas Staatschef in jenem Flugzeug, das nach der Rückkehr von neuen Friedensgesprächen in Arusha am 6. April 1994 beim Anflug auf Kigali abgeschossen wurde. Das war das Signal für von langer Hand geplantes Unheil, das nun – von der Außenwelt ungehindert – seinen Lauf nahm.

Alles doch nur ein von den Kolonialmächten verschärfter »ethnischer Konflikt«? Erst der Blick auf das Agieren der politischen Eliten kann die Dimension des Kampfes um Macht- und Wirtschaftsinteressen erfassen. Und in ihm bedienen sich die Akteure immer wieder rassistischer Hetze. Der französische Historiker Gerard Prunier sieht den »Mechanismus der Gewalt stets eng an die sozio-ökonomische Situation gebunden«. In der zweigeteilten Gesellschaft Ruandas und Burundis sei es immer wieder um den Zugang einer der beiden Gruppen zur politischen Macht gegangen. Der Ausbruch der Gewalt geschah nie spontan, sondern war stets von den Eliten geplant. Zudem dienten nach Pruniers Analyse die Massaker der herrschenden Clique häufig als »ideologisch-politisches Bindemittel«, wenn es in ihren eigenen Reihen Machtkämpfe gab. Streit und Rivalität in der Machtclique aber hatten zumeist wirtschaftliche Ursachen. In der zweiten Hälfte der achtziger Jahre gab es mehrere Entwicklungen, die von der regierenden Klasse als bedrohlich empfunden wurden: Die Preise für die Haupteinnahmequellen Kaffee und Zinn brachen zusammen, und die ausländischen Hilfszahlungen gingen zurück. Die Rückkehr der Tutsi-Flüchtlinge, wie im Arusha-Friedensvertag vorgesehen, hätte aus der Sicht der herrschenden Gruppe »die Zahl der Anwärter auf den ohnehin schwindenden wirtschaftlichen Kuchen noch vermehrt«. Ethnische Gewalt sei unter solchen Umständen auch ein nützliches Mittel im Kampf gegen die

Feinde im eigenen Umfeld, analysiert Prunier. Tatsächlich wurden oppositionelle Hutu ebenso gejagt und umgebracht wie Tutsi. So werde die Bevölkerung der dominanten Gruppe zusammengeschweißt. »In der Furcht vor ›dem Anderen‹ nehmen die Menschen Zuflucht zur totalen Unterwerfung unter ihre ›natürlichen Herrscher‹. Dieser Mechanismus erinnert an den europäischen Antisemitismus der Jahre 1890 bis 1940«, meint Prunier.

Eine Keimzelle des Völkermords in Ruanda war eine radikale Gruppe im Dunstkreis von Agathe Habyarimana, der Ehefrau des Präsidenten, mit dem Namen »akazu« (das kleine Haus). Die Präsidentenfrau und ihr Anhang waren maßgeblich an der Bildung der Todesschwadronen beteiligt. Dieser Kreis wollte die im Arusha-Papier vorgesehene Machtteilung keinesfalls akzeptieren. Der Staatschef selbst galt diesem Zirkel als zu weich und nicht zuverlässig, hatte er doch dem Druck zur Unterzeichnung des Vertrages nachgegeben. Die Ermordung des Hutu-Präsidenten in Burundi 1993 war für den Plan, die Tutsi in Ruanda als Bevölkerungsgruppe auszulöschen, offenbar entscheidend. Das Vernichtungsprogramm rollte nach dem Abschuß der Präsidentenmaschine am 6. April 1994 systematisch an und wurde von der Regierung mit Hilfe der Präfekten, Bürgermeister und lokalen Räte koordiniert.

Der Völkermord in Ruanda ist wegen der rassistischen Ideologie, die ihn nährte, aber auch wegen seiner irrationalen Elemente vielfach verglichen worden mit vorangegangenen Verbrechen gegen die Menschlichkeit wie der Judenvernichtung durch Nazi-Deutschland, dem Genozid an den Armeniern in der Türkei 1894 bis 1896 oder dem Völkermord in Kambodscha in den siebziger Jahren. Der Südafrikaner Richard Goldstone antwortete in einem Interview der »Frankfurter Rundschau« auf die Frage, welche Lehren er aus seiner Beschäftigung als Chefankläger mit den Völkermorden im ehemaligen Jugoslawien und in Ruanda ziehe:

»Daß diese Dinge überall geschehen können.« Die Voraussetzungen sind Goldstone zufolge sehr ähnlich, selbst in so verschiedenen Gesellschaften wie Ruanda und dem ehemaligen Jugoslawien: »Es bedarf nur der politischen Führer, der Propaganda und einer Geschichte der Haßgefühle. Es bedarf nur der Angst, majorisiert zu werden, der Angst, verfolgt zu werden, der ökonomischen Angst, überholt zu werden.«

Dennoch sieht der Direktor des Montreal Institut for Genocide and Human Rights Studies in Kanada, Frank Chalk, drei Besonderheiten des Genozids in Ruanda. Erstens die massenhafte Beteiligung der Hutu-Bauern an den Morden, mit der ein »Volk von Tätern« geschaffen wurde. Zweitens den Einsatz des Radios für rassistische Hetze, ein neuer Fall in der sogenannten Dritten Welt. In Ruanda tat sich der private Sender Radio Télévision des Mille Collines besonders hervor mit Propaganda gegen die Tutsi-»Kakerlaken«. Drittens eine Premiere der Schmach: In Ruanda wurde der erste Völkermord unter den Augen einer UN-Truppe verübt.

Warum beteiligten sich Hutu-Bauern, ihre Frauen und sogar Kinder massenweise am Abschlachten ihrer Tutsi-Nachbarn, Verwandten und Kinder aus Mischehen, wurden also zu »willfährigen Handlangern« des Regimes? Als Erklärungsmuster dafür wird die Propaganda ebenso wie der seit ewigen Zeiten gezüchtete »Gehorsam« gegenüber den Befehlen der Zentralmacht herangezogen, aber auch die Absicht, sich in dem kleinen übervölkerten Agrarland an Besitz und Äckern der Getöteten zu bereichern.

Soziologische Bewertungen sind das eine, Beschreibungen, wie Frauen sich an den Greueln beteiligten, wie dabei die damalige Frauen- und Familienministerin Paulina Nyiaramasuhuko an »vorderster Front« stand, sind dennoch schwer zu verkraften. Wie in Bosnien war die Vergewaltigung von Frauen ein kalt eingesetztes Instrument zur Herabwürdigung der Opfer. Die um ihre Schönheit beneideten Tutsi-

Frauen, von Hutu-Männern als Ehefrau oder Geliebte begehrt, waren aber auch Opfer von Hutu-Frauen, die sie bestialisch folterten und umbrachten. Ebenso die Kinder der Tutsi-Frauen.

War es »der böse Geist« der Kolonialmächte, der die Menschen auf die »Killing fields« in Ruanda trieb und zu Messer oder Gewehr greifen ließ? Wenn man die gespaltene Seele der Völker von Ruanda und Burundi untersucht, dies wäre eine Ursache für die Gewalt, aber kaum die einzige. Das Motiv Habgier spielte eine Rolle, das Bestreben, sich durch legalisierten (weil von »oben« abgesegnete(n) Mord den Besitz der Getöteten quasi »rechtens« anzueignen. Eine mörderische Bereicherungsabsicht der politischen und ökonomischen Profiteure des Genozids, die an Nazi-Deutschland erinnert. Dieser Holocaust aber wurde von Afrikanern begangen, so wie der Genozid in Jugoslawien von Europäern begangen wurde. Und Mord ist Mord, ob in Jugoslawien oder in Ruanda, wie Richard Goldstone feststellt. Oder: Völkermord ist Völkermord, ob in Nazi-Deutschland, Kambodscha, Bosnien oder Ruanda. Menschenleben zählen nicht in Afrika, denken viele hierzulande. Töten – ein genetischer Defekt der Afrikaner? Europas Geschichte und Gegenwart wie die anderer Kulturkreise entlarven solchen populären Rassismus als Unsinn.

Sucht man schon nach Erklärungen dafür, wie das »Volk« zur Masse der Täter oder, besser gesagt, zum Tatwerkzeug der Drahtzieher werden konnte, so tut man sich erst recht schwer, die Gründe für das Versagen der internationalen Gemeinschaft am Tatort Ruanda nachzuvollziehen. Was Professor Astri Suhrke und Howard Adelman in ihrem im März 1996 veröffentlichten Bericht »Joint Evaluation of Emergency Assistance to Rwanda« an Ursachen und Wirkungen zusammentrugen, ist eine Chronik des Versagens, die sich als allzu normaler »Geschäftsgang« in einer Organisation ausnimmt, in der die Alarmknöpfe durchaus betätigt worden waren. Da geisterten Warnungen vor einem Völkermord, von der UN-Friedenstruppe nach New York telegraphiert, in einem ominösen »schwarzen Ordner« zwischen UN-Abteilungen hin und her, wurden angezweifelt und verschwanden in der Schublade. Der kanadische Blauhelm-Kommandeur Romeo Dallaire hatte seit Anfang 1994 vor einem möglichen Blutbad gewarnt. Das Mandat seiner Truppe sah zwar kein Eingreifen in einen Bürgerkreig vor, doch steht in den Einsatzbefehlen der Satz, es seien »notwendige Schritte zu unternehmen, um Verbechen gegen die Menschlichkeit zu verhindern«. Dallaires Ersuchen um Verstärkung stießen aber wie vor Beginn des Völkermords in den UN auf taube Ohren. Das Mandat zur Überwachung des Arusha-Friedensprozesses wurde von Anfang an eng ausgelegt. Die Blauhelme durften selbst Waffendepots nicht ausheben. Dallaire wurde nicht einmal erlaubt, die rassistischen Radiosendungen zu stören. Die zuständigen UN-Organe verstießen durch ihre Passivität gegen ihre eigene »Konvention über die Verhütung und Bestrafung des Völkermordes« vom 9. Dezember 1948. Dem Nichtstun folgte dann gar die hastige Flucht. Belgische Blauhelme waren von der Präsidentengarde ermordet worden – ebenso wie die gemäßigte Premierministerin, die sie schützen sollten. Der Sicherheitsrat beschloß am 21. April 1994, die UN-Truppe bis auf ein jämmerliches Häuflein von 270 Mann abzuziehen. Zu dieser Zeit hatten sich an mehreren Orten der Hauptstadt insgesamt 25 000 Menschen unter UN-Schutz gestellt. Der Abzug war nach Meinung der US-Menschenrechtsorganisation Human Rights Watch eine Einladung zum Abschlachten dieser Menschen. Der Völkermord war zu dieser Zeit bereits allerorten im Gange und wurde nach Abzug des UN-Kontingents noch hemmungsloser. Dallaire klagte an: »Bevor ich zu den Vereinten Nationen ging, habe ich eine 5 000 Mann starke motorisierte Truppe befehligt. Wenn ich die in Ruanda zur Verfügung gehabt hätte, wären Hunderttausende noch am Leben.«

Zwar wurde im Mai, als der Genozid schwerlich noch geleugnet werden konnte und bereits Hunderttausende umgebracht worden waren, eine neue Mission beschlossen, doch gelang es dem Sicherheitsrat nicht, sich über die Bereitstellung von UN-Soldaten und über deren Ausrüstung und Bezahlung zu einigen. Die Truppe wurde erst in Marsch gesetzt, als das Morden vorüber war.

Dafür startete Frankreich unter UN-Flagge mit der »Operation Türkis« eine eigene militärische Intervention, errichtete durch Besetzung des südwestlichen Grenzgebietes von Ruanda zum damaligen Zaire eine »Schutzzone« für Flüchtlinge, deckte dabei aber vor allem den Rückzug der Hutu-Milizen und verhalf Tausenden Mördern und Drahtziehern, darunter der Präsidentenwitwe, zur Flucht ins französische oder in ein anderes ausländisches Exil. Höhepunkt einer Kollaboration, deren schmutziger Hintergrund – trotz der mittlerweile in Frankreich eher halbherzig eingeleiteten Aufklärungsarbeit – wohl nie restlos ausgeleuchtet werden wird. Eine Abgeordneten-Gruppe ist vom Verteidigungsausschuß der Nationalversammlung in Paris installiert worden, um in einer »Informationsmission« die »Rolle ausländischer Streitkräfte« im Ruanda-Konflikt zwischen 1990 und 1994 aufzudecken. Prominente Zeugen aus den Reihen französischer Politiker wehrten ab und taten sich bei ihren Vernehmungen mit Vorwürfen massiver Einmischung an die Adresse Ugandas und der USA hervor.

Recherchen französischer Zeitungen, vor allem des konservativen »Le Figaro«, sowie Berichte für die Vereinten Nationen und das belgische Parlament lassen aber den Schluß zu, daß Paris am Tatort Ruanda zumindest schwere Mitschuld auf sich geladen hat. Französische Soldaten haben die späteren Anführer des Mordens ausgebildet, Waffen und logistische Unterstützung kamen aus Frankreich. Einige Berichte aus belgischen Militärkreisen stützten gar die Vermutung, daß beim Abschuß der Präsidentenmaschine vor Kigali »französische Kräfte« die Hände im Spiel hatten. Der damalige französische Staatspräsident François Mitterrand soll um die Position der »grande nation« in Zentralafrika – auch im Ringen um Einfluß mit den USA – bei einem Sieg der Tutsi-Rebellen gefürchtet und daher die massive Einmischung gebilligt haben. Der ehemalige Sicherheitschef im Élysée-Palast, Paul Barril, brüstete sich in einem Interview mit dem »Playboy«-Magazin im März 1995, die »Heldenhaftigkeit der französischen Geheimdienste« in Ruanda beim Kampf gegen Uganda und die Tutsi-Rebellen könne »ein ganzes Buch« füllen. Das würde man heute in der Tat mit Interesse lesen. Auch die Europäische Union hat offenbar den »Afrika-Experten« in Paris bei ihrem Agieren in Ruanda und Zaire so gut wie nichts in den Weg gelegt.

Die Erforscher des UN-Versagens Adelman und Suhrke kommen in ihrem Beitrag »Feilschen, während Ruanda brennt« (in: Der Überblick 1/1996) zu dem Schluß: »Die großen Mächte des Sicherheitsrats, mit Ausnahme Frankreichs, hatten kein Interesse an dem kleinen zentralafrikanischen Land, das für sie wirtschaftlich oder politisch wenig bedeutend war und für ihre strategischen Rivalitäten kaum eine Rolle spielte. … Der einzige Staat, der nachweislich den Rat auch in Krisenzeiten in Schwung bringen kann, die USA, wurden von den Erinnerungen an Somalia heimgesucht. Amerika war fest entschlossen, in keinen weiteren afrikanischen Konflikt verwickelt zu werden.« Washington war außerdem mit anderen Krisen, etwa in Bosnien oder Haiti, beschäftigt.

Für die Augen-zu-Politik der USA beim Genozid in Ruanda hat sich Präsident Bill Clinton bei seinem Blitzbesuch in Ruanda entschuldigt. Wie er hätten damals Menschen in Büros gesessen und nicht begriffen, »mit welcher Geschwindigkeit dieser unglaubliche Terror um sich gegriffen« habe. Sowohl die Geschwindigkeit als auch der Terror waren damals im US-Fernsehsender CNN zu besichtigen: Menschen mußten in Kigali auf der Straße niederknien und wurden mit Macheten enthauptet.

Und nach alledem wird nach Versöhnung gerufen. Versöhnung? Selbst in Südafrika mit seinem erstaunlichen Instrument der Wahrheitskommission stellt sie sich nicht ein. In Ruanda wird es nicht einmal Gerechtigkeit geben können. 130 000 Tatverdächtige saßen 1998 in den Gefängnissen des Landes. Anklagen und geordnete Prozesse setzen voraus, daß juristisch nach Mitläufern, gewöhnlichen Mördern, Drahtziehern oder bloßen Opfern von Verleumdung sortiert und geschieden wird. Eine Sisyphus-Arbeit angesichts der riesigen Zahl. Zwar sind inzwischen 900 Richter, ausgebildet in sechsmonatigen Blitzkursen, die Stützen der ruandischen Justiz; 130 davon sitzen den zwölf Gerichten vor, an denen Prozesse nach dem 1996 verabschiedeten Völkermord-Gesetz verhandelt werden. Gerade die deutsche Unterstützung beim Justizaufbau zielt auf Beschleunigung der Verfahren. Aber die Notwendigkeit, tausendfach zu einem Urteil zu kommen, bleibt am einzelnen Richter dennoch hängen. Wer heute verhaftet werde, habe »zu Lebzeiten« kaum noch Chancen auf einen Prozeß, beschrieb ein Menschenrechtsbeobachter die verfahrene Rechtslage. Ruanda machte denn auch im April 1998 auf seine Art kurzen Prozeß: mit öffentlichen Hinrichtungen zum Tode Verurteilter. Während die Hauptverantwortlichen für den Völkermord beim Internationalen Tribunal in Arusha in recht luxuriösen Gefängnissen sitzen und schlimmstenfalls lebenslange Haft zu erwarten haben, droht den »kleinen Tätern« in Ruandas überfüllten Knästen die Todesstrafe. Zweierlei Recht, hier das feine internationale, dort das brutalere lokale.

Das Arusha-Tribunal kam beim juristischen Dingfestmachen der Täter nur im Krebsgang voran. Ermittlern und Richtern werden Verschleppung und Schlamperei angelastet, konnten sie doch erst vier Jahre nach dem Blutbad mit ersten Urteilen aufwarten. Schwerer wiegt auf der Waage der Glaubwürdigkeit das vermutete Nichthandeln. Das Gericht soll zwar die Korsettstangen der Gerechtigkeit einziehen in einem Fall, der zu den schlimmsten Akten der Barbarei in diesem Jahrhundert zählt. Ermittler und Richter haben es aber am notwendigen Eifer fehlen lassen, ihr Mandat auszufüllen. Das erstreckt sich auf »alle Kriegsverbrechen«, die in Ruanda begangen wurden. Bisher jedoch ist kein Fall aus den internationalen Justizkreisen von Arusha öffentlich ruchbar geworden, der sich mit Verbrechen beschäftigt, die beim Vormarsch der FPR-Rebellen an Hutu begangen wurden. Zwar wurden auch nach offizieller Lesart Hutu während des Genozids ermordet, aber sie waren Völkermord-Opfer der eigenen Leute, weil sie in Opposition zur Regierung standen. Solche Fälle gab es nachweislich – und nicht wenige. Verbrechen der Tutsi bei ihrem Krieg der Notwehr und Eroberung seien auf jeden Fall von der »reinen Zahl« her geringer gewesen, ist häufig zu lesen. Die »geringe Zahl« kann kaum eine Entschuldigung für ihre Nichtverfolgung sein. Es bleibt eine Glaubwürdigkeitslücke. Angaben von Hutu-Organisationen im Ausland und prominenten Flüchtlingen stehen im Ruch der Parteilichkeit oder des Aufrechnens, weil man die Dimension eigener Verbrechen nicht wahrhaben will. Kein Tribunal schließlich zieht jene Täter in den Reihen der Rebellen Laurent Kabilas und der ruandischen Armee zur Rechenschaft, die 1996 und 1997 Massaker in den Flüchtlingslagern und in den Regenwäldern des damaligen Zaire begangen, angeordnet oder geduldet haben.

Allen Mängelrügen zum Trotz hat es das Arusha Tribunal doch geschafft, internationale Rechtsgeschichte zu schreiben. Erstmals befand es Angeklagte, darunter den Premier in Zeiten des Völkermords Jean Kambanda, des Genozids für schuldig. Es fällte auch einen Spruch, auf den das Völkerrecht lange gewartet hat: Vergewaltigungen sind ebenso als Genozid-Handlungen zu werten wie Mordhetze und die Morde selbst.

Das Schauspiel der öffentlichen Exekutionen verurteilter Völkermord-Täter zur Befriedigung von Racheinstinkten in Ruanda hat weltweit Proteste hervorgerufen. Doch der Aufschrei derer, die Menschlichkeit beim Umgang mit den Tätern einklagten, ließ Ruandas Regierung kalt, habe sich die Welt doch auch nicht um den Völkermord vier Jahre zuvor geschert. Ob sich Ruandas »starke Männer« in Militär und Regierung künftig überhaupt noch viel um den geordneten Lauf der Gerechtigkeit oder um Rechtsnormen scheren werden? Die Opfer von gestern machen heute aus einigen der Tutsi Täter. In den Reihen der regierenden Tutsi ist das Streben nach Schutz und Sicherheit mit allem militärischen Mitteln – erst recht, seitdem Hunderttausende Hutu-Flüchtlinge ins Land zurückgekehrt sind – das Maß aller Dinge geworden. Das ist so gefährlich für den Frieden der Region wie der rücksichtslose Kampf der Hutu um die Rückeroberung der Macht.

Im Nordwesten des Landes führen Hutu-Milizen wieder Krieg. Ruandas Armee schlägt grausam zurück. Massaker gelten als »Mittel der Verteidigung«. Im Nachbarland Kongo ließ derweil Laurent Kabila, der Verbündete Ruandas von gestern, Jagd auf Tutsi machen. Frieden? Gerechtigkeit? Davon sind Ruanda wie die gesamte Region vier Jahre nach dem Genozid weit entfernt. Die Spirale von Haß, Gewalt und Mord dreht sich weiter.

Überall Flüchtlinge, überall Rebellen und Interessen

Das Trauma der Region der Großen Seen

> Sicher ist, daß dieser Einsatz uns alle für unser Leben gezeichnet hat.
>
> *Kilian Kleinschmidt, Leiter eines Soforthilfeteams der UN-Flüchtlingshilfe in Kisangani*

Die Menschen laufen, soweit die Füße tragen: mit Bündeln auf dem Kopf, abgewetzten Koffern unter dem Arm, mit Kind und Kegel. Barfuß. Wo sah man so etwas zuletzt in Europa? In Bosnien? In Afrika gehören solche Karawanen zum Alltag. Irgendwo sind dort immer Menschen auf der Flucht. Zehntausende wechselten in Zentralafrika in den vergangenen Jahrzehnten über die Grenzen, oft in einer Pendelbewegung hin und zurück.

Doch das, was sich am 28. April 1994 an der Rusumo-Brücke an der Grenze nach Tansania abzeichnete, war selbst in dieser Region noch nicht dagewesen. »Wir schauten auf die Hügel auf der ruandischen Seite und sahen nur noch Menschen. Die Landschaft bestand aus einer einzigen wogenden Masse, die sich auf uns zubewegte«, erzählte die Mitarbeiterin einer Hilfsorganisation später.

Der zweite Akt des ruandischen Dramas hatte begonnen. Und er sollte die Beteiligten im internationalen Lager nicht weniger ratlos und schuldbeladen zurücklassen als der erste. Von einem Flüchtlingsstrom »biblischen Ausmaßes«, von der schnellsten und größten Fluchtbewegung der modernen Geschichte sprachen Augenzeugen im Lager der Helfer an diesem Tag. Und doch war das erst der Auftakt, und noch ahnte niemand, in welches Dilemma dieser Flüchtlingseinsatz die humanitären Organisationen stürzen sollte. Es dauerte noch zwei Monate, bis die Tutsi-Rebellen im Juli 1994 die Macht in Kigali ergriffen. Zwischen Mai und Juli überquerten insgesamt rund zwei Millionen Menschen die Grenzen nach Ostzaire, Tansania und Burundi. Die Hutu-Extremisten, Hauptakteure beim Völkermord, organisierten auch diesen Massenexodus »perfekt«.

Mit der Viertelmillion Menschen, die schon Ende April nach Tansania kamen, wurden die Helfer dank des glücklichen Umstandes fertig, daß burundische Flüchtlinge dort gerade abgezogen waren und die Logistik dieser Aktion noch stand. Die Burunder gehörten zu den insgesamt 700 000 Flüchtlingen, die 1993 nach der Ermordung des ersten frei gewählten Hutu-Präsidenten ihre Heimat verlassen und in Ruanda, Tansania und Zaire Zuflucht gesucht hatten. Typisch für das angstbesetzte Hin und Her von Flucht und Heimkehr in der Region. Zwar wurden die neuen Flüchtlinge – insgesamt wächst ihre Zahl in der Folgezeit auf eine halbe Million – zunächst problemlos aufgenommen, doch in Tansania war diesmal das Maß der Gastfreundschaft voll, die Nerven lagen blank. Als 1995 plötzlich weitere 50 000 Ruander und Burunder Zuflucht suchten, war die Geduld des Landes erschöpft, das jahrzehntelang großzügig Flüchtlinge aus ganz Afrika aufgenommen hatte. Die Regierung erklärte die Flüchtlinge für unerwünscht, schickte Truppen und schloß vorübergehend die Grenze. Die Krise an den Großen Seen schien ein weiteres Opfer zu fordern: Tansanias bis dahin beispiellose Asylpolitik, für die Julius Nyerere 1983 mit der Nansen-Medaille geehrt wurde. Die Ursachen der plötzlichen »Hartherzigkeit« sind leicht auszumachen. Als »Frontstaat« hat Tansania nicht nur unermüdlich Solidarität mit jenen geübt, die während der Befreiungskriege im südlichen Afrika Zuflucht brauchten, es hat auch viele Asylsuchende aus anderen Ecken des Kontinents aufgenommen. Während nach erkämpfter Unabhängigkeit und dem Ende der Apartheid die Mehrzahl der Flüchtlinge aus dem Süden Afrikas heimkehrten, blieben nicht nur viele Ruander und Burunder, es kamen immer mehr. Die letzte große Fluchtwelle nach dem Genozid nahm die einheimische Bevölkerung, die sich plötzlich in der Minderheit sah, nicht mehr klaglos hin. Es häuften sich die Beschwerden über Kriminalität und Umweltschäden an Äckern, Wald und Flüssen.

Gab der Tansania-Einsatz den Helfern noch das Gefühl, die Sache im Griff zu haben, so kam es zur Katastrophe, als im Juli 1994 in nur vier Tagen eine halbe Million Ruander in die Stadt Goma nach Ost-Zaire flohen. In den Lagern brach die Cholera aus und forderte 50 000 Opfer. Angesichts des Massensterbens sprang die internationale Hilfsmaschinerie an: An Geld (zwei Milliarden Dollar schon in den ersten Wochen), Material und Hilfskräften wurde nicht gespart. Ein »blindwütiges Helfen«, wie Kritiker später befinden. 200 Organisationen – einige mit recht untauglichen Samaritern auf der Jagd nach Spenden und Publicity – und Journalisten aus aller Welt tummelten sich bald in Mugunga bei Goma.

Die »humanitäre Armee« reichte offenbar aus, das internationale Gewissen zu beruhigen. Mit den Problemen in den Lagern wurden die Helfer dann mehr als zwei Jahre lang allein gelassen. Es zeigte sich bald, daß die »alten Strukturen« aus Ruanda intakt geblieben waren: Höhere Beamte und die Milizen, die den Genozid zu verantworten hatten, benutzten die Flüchtlinge als Geiseln und Schutzschild. Ihr Kalkül, die humanitäre Katastrophe als Waffe zu benutzen und sich Teile der Hilfe als Beute zu nehmen, ging auf, weil die Helfer ohne wirksamen Schutz dastanden. Ray Wilkinson beschrieb im Frühjahr 1998 für ein Sonderheft der UN-Flüchtlingshilfe noch einmal die Szene: »Soldaten der geschlagenen ruandischen Armee blieben zusammen. Sie behielten ihre Waffen und schlugen unmittelbar vor den zivilen Lagern ihre Zelte auf. Am Eingang vieler Lager konnte man Mercedes-Limousinen sehen, die immer noch ruandische Nummernschilder trugen und in denen Männer in dunklen Anzügen mit Sonnenbrillen saßen, die an jugendliche Schlägertypen Geldbündel verteilten. Flüchtlinge, die aus der Reihe tanzten, indem sie sich zur Rückkehr bereit erklärten oder die Autorität der alten Behörden anzweifelten, wurden geschlagen, mit Handgranaten bedroht oder umgebracht. Die Nahrungsmittelversorgung unterlag ebenfalls der Kontrolle der alten Garde.«

Einen Vorschlag des damaligen UN-Generalsekretärs Butros Butros-Ghali, eine UN-Blauhelmtruppe von 5000 Mann solle die Lager schützen und die Milizen von Zivilisten trennen, wälzte der Sicherheitsrat im Dezember 1994 hin und her wie eine heiße Kartoffel – um den Beschluß dann zu vertagen. Statt dessen wurde der Ratschlag erteilt, Sicherheitsexperten zur Schulung zairischer Polizeikräfte zu entsenden. Tatsächlich wurden für die Lager 1500 zairische »Ordnungskräfte« engagiert. Gleichwohl spielten die Hutu-Milizen weiter Katz und Maus mit den Hilfsorganisationen.

Einen »Prüfstein für die internationale Gemeinschaft« nannte Dennis McNamara, UN-Direktor für Flüchtlingsschutz, die damalige Krise und machte aus dem Versagen von Regierungen wie Hilfsorganisationen kein Hehl. Mit einem solchen Exodus der Flüchtlinge, kontrolliert von Anstiftern und Tätern eines Genozids, hatten die Helfer keinerlei Erfahrung. Er war allenfalls im Ansatz (nicht in der Größenordnung) vergleichbar mit der Flucht der Massenmörder, ihrer Anhänger und Gefangenen von Kambodscha nach Thailand Ende der siebziger Jahre. Wenn McNamara sich darauf beruft, daß die afrikanischen Asylländer Konventionen zufolge sicherstellen müssen, daß Flüchtlingslager ausreichend weit von heiklen Grenzen entfernt liegen und »ausschließlich zivilen und humanitären Charakter« haben, dann klingt das wie ein Witz. Denn an dem Problem, das Tansania und Zaire hätten lösen sollen, mochte sich auf internationaler Ebene niemand die Finger verbrennen.

Die Helfer sollten noch andere Erfahrungen machen, die bis heute als Schock nachwirken. Der damalige Leiter der UN-Flüchtlingshilfe in Goma, Joel Boutrone, berichtete von verzweifelten Versuchen, aus der Sackgasse in den Lagern herauszukommen und eine Rückkehr der Flüchtlinge in die Wege zu leiten. Sein Fazit: »Widersprüchliche Prioritäten der internationalen Akteure und interne Differenzen bestimmten das katastrophale internationale Engagement.« Flüchtlingskommissarin Sadako Ogata hat auf das geringe Interesse der Öffentlichkeit »an unserem Dilemma« hingewiesen. Aber sie räumte auch ein, »wir hätten uns vielleicht stärker an die Öffentlichkeit wenden sollen, um Druck auf die Regierungen auszuüben«.

Mittlerweile war die Lage nicht nur in den Lagern eskaliert, auch die Überfälle der sie beherrschenden Hutu-Milizen auf ruandisches Territorium häuften sich. Im Herbst 1996 veränderte der Aufstand gegen Mobutu im damaligen Ost-Zaire vollends die Szene.Die zairischen Rebellen lösten mit Unterstützung der ruandischen Armee die Flüchtlingslager gewaltsam auf. Hunderttausende kehrten in langen Kolonnen nach Ruanda zurück. Insgesamt aber sind mehrere zehntausend Flüchtlinge, unter ihnen die Schuldigen am Völkermord mit ihren Familien, nach der Auflösung der Lager nicht nach Ruanda zurückgekehrt, sondern in den Regenwald nach Westen gezogen. Die UN-Flüchtlingshilfe hatte bei den Kämpfen um Goma vorübergehend ihre Mitarbeiter abgezogen. Nach der Rückkehr ins Lager Mugunga fanden einige Helfer heraus, daß etliche Flüchtlinge von Hutu-Milizen in den Busch geführt (oder entführt?) worden sind. Was sich dort nach dem Sturm der Rebellen und der ruandischen Soldaten abgespielt hat, nannte die britische BBC einen »verborgenen Holocaust«. Die UN-Helfer fanden bei Mugunga Leichenhaufen, die auf Massaker hindeuteten. Sie schwiegen, um sich selbst und mögliche Rettungsaktionen nicht in Gefahr zu bringen. Die UN hatten zuvor zwar gebilligt, daß einige Staaten eine internationale Truppe aufstellen, doch daraus wurde – erst recht nach dem Rückmarsch der Kolonnen nach Ruanda – nichts mehr.

Im März 1997 brachen humanitäre Helfer erneut auf, um die im Regenwald verschwundenen Flüchtlinge zu suchen. Wieder stießen sie auf Spuren von Massakern. In schwierigen Einsätzen wurden noch 185 000 Menschen gerettet, von denen ein Teil über eine Luftbrücke nach Kigali ausgeflogen wurde. Zehntausende blieben im Urwald verschwunden.

Versuche der UN, die Geschehnisse in Zaire beim Vormarsch der Rebellen aufzuklären, wurden später vom neuen Präsidenten Kongos, Laurent Kabila, massiv behindert. Als endlich eine UN-Kommission zur Untersuchung der Massaker tätig werden konnte, mußte sie im April 1998 wieder abgezogen werden, weil die Regierung Kabila ihre Arbeit torpedierte. Sie kam in ihrem Bericht vom Juli 1998 zu dem Schluß, für eine Anklage wegen Völlkermordes an den rund 200 000 Verschwundenen reichten die Beweise nicht. Indirekt erhob sie jedoch diesen Vorwurf, indem sie Kabilas Truppen und deren Verbündeten aus Ruanda massenhaften Mord an Hutu-Flüchtlingen und Zivilisten vorwarf.

»Wir standen jeden Tag vor einem neuen Berg von Problemen. Und wir wurden alle für unser Leben gezeichnet«, sagte später der Leiter eines Soforthilfeteams. Und Ray Wilkinson beschrieb das Dilemma der Helfer mit einer Kette von Fragen: »Sollten sie die Nahrungsmittelversorgung von Frauen und Kindern einstellen oder in Kauf nehmen, auch Mörder zu ernähren? Sollten sie ihr Wissen über die 1997 im Regenwald begangenen Greueltaten an die Welt weitergeben und damit möglicherweise laufende Operationen zur Rettung noch lebender Flüchtlinge gefährden? Sollten sie ein Grundprinzip des Flüchtlingsschutzes, die freiwillige Rückführung, aufgeben, um Menschen zu retten, die andernfalls fast sicher sterben mußten?«

Die Schuldgefühle und Gewissensbisse der Helfer müßten eigentlich Politiker haben. Denn die hilflosen Helfer hatten es nicht mit einem herkömmlichen Einsatz zu tun. Wo hatten sie das eigentlich? Etwa in Somalia, Sudan, Angola? Sie sind zunehmend zum Ping-Pong-Ball zwischen lokalen Regierungen und Rebellen geworden. Aber auch die internationale Staatengemeinschaft mißbraucht sie als Pflaster, wenn es darum geht, zu kaschieren, daß sie politisch nichts unternehmen will. Und kommt es wegen dieser Untätigkeit zum Fiasko, müssen die Helfer wiederum als Sündenböcke herhalten. Nur teilweise zu Recht beziehen auch die Vereinten Nationen Prügel. Ihre Handlungsfähigkeit hängt vom Willen der Regierungen im Sicherheitsrat ab. Und bei Blauhelm-Operationen ohne klares Mandat, klare politische Ziele und eine ausreichende Zahl von Soldaten, dieses Lehrgeld mußten die UN zahlen, ist das Scheitern programmiert. In so gut wie keinem der großen Konflikte nach dem Kalten Krieg aber waren diese drei Bedingungen ausreichend erfüllt.

Die Ereignisse im damaligen Ost-Zaire haben auch die Neutralität und den rein humanitären Charakter von Hilfseinsätzen als Chimäre entlarvt. Geiselnehmer, die Flüchtlinge ebenso wie Helfer in Schach halten, erzwingen Unterstützung. Mit jeder Einmischung, auch der humanitären, wird letztlich – und sei es wider Willen – Partei ergriffen. Der humanitäre Einsatz in Somalia erhielt militärischen Schutz und kippte später in Krieg um. In Goma wurde den Helfern dieser Schutz verweigert, durch Mißbrauch humanitärer Hilfe konnte eine Konfliktpartei eine neue Krise, neuen Krieg schüren. Eine Intervention von außen lag in beiden Fällen vor. Und beide Male gab es Erfolge und Versagen. Der Erfolg: Es wurden hier wie dort viele Menschenleben gerettet. Das Versagen: Jene, die sich »neutral« und nur humanitär hatten einmischen wollen, wurden entweder in Kriegshandlungen verwickelt oder selbst Teil der Krise. Die Helfer, die im Katastrophenfall Almosen des schlechten Gewissens verteilen, gelten Kritikern (so die Berliner »Tageszeitung« 1994) bereits als neue »Frontsoldaten einer ratlosen Außenpolitik«. Vielleicht sieht nach den Erfahrungen von Goma auch für die Retter qua Regierungs- wie Spenderauftrag die Welt anders aus. Schwer vorstellbar, daß sie das nächste Mal unbelastet in einen rein »humanitären Einsatz« ziehen, weil die Staatengemeinschaft den öffentlichen Druck zwecks Gewissensberuhigung an sie weiterreicht.

Einfach »humanisieren« lassen sich solche Krisen und Konflikte nicht. Sie sind ein Fall für die Politik. Die aber hatte im Fall Ruanda/Zaire nichts als eine Kettenreaktion des Versagens zu bieten. Die Tatenlosigkeit beim Völkermord in Ruanda wurde bezahlt mit einer halben Million Menschenleben und der Zerstörung all dessen, was jahrelange Entwicklungshilfe aufgebaut hatte. Anschließend pumpte man Milliarden Dollar in die Flüchtlingsnothilfe, und schließlich ließ man es zu, daß mutmaßlich Zehntausende dieser Flüchtlinge auf ihrem Zug durch die Regenwälder Zaires massakriert wurden. Krude Logik einer internationalen Politik, die zwischen Eigeninteresse, Nichtinteresse und öffentlichem Druck schwankt.

Und die Medien – waren sie in der Krise an den Großen Seen krisenfest und immer dicht an der Wahrheit? Ob als Berichterstatter am Ort oder kommentierend am Schreibtisch, auch wir Journalisten sind Fehleinschätzungen erlegen, haben uns manipulieren lassen von angeblich richtigen Nachrichten und Bildern ebenso wie von fehlenden Nachrichten und Bildern. Die Suche nach den (vielen) Wahrheiten ist trotz modernster Elektronik zu ihrer Übermittlung schwerer geworden.

Nachbemerkung: »Das Herz der Finsternis« – immer und immer wieder ist dieser Titel der Erzählung von Joseph Conrad, die den Zusammenprall europäischer Abenteurer mit Afrikas Welt beschreibt, herangezogen worden als verbales

Transportmittel für die Schrecken in Ruanda und später in Zaire/Kongo, die sich rationalen Erklärungen zu entziehen scheinen. Es fügt sich so schön und glatt, daß Conrads koloniale Figur Kurtz am Kongo bei seiner »Mission der Zivilisation« dem Wahnsinn anheimgefallen ist. Kapitän Marlow geht auf die Suche nach Kurtz, der ein »Emmissär des Mitleids und der Wissenschaft und des Fortschritts und der Teufel weiß, was noch« sein soll. Der »gute« Kolonisator und Leiter einer Elfenbein-»Handelstation« hat im Auftrag der »Internationalen Gesellschaft zur Unterdrückung primitiver Bräuche« einen Bericht geschrieben, in dem sich beredt Phrase an Phrase reiht, um dann doch mit der wirr hingekritzelten Fußnote zu enden: »Rottet all diese Bestien aus!« Dunkler, mörderischer Kontinent, wo jedes Licht der Menschlichkeit, wenn es überhaupt in den Urwald vordringt, verlöscht? Andrew Marshall hat Conrads Erzählung in einem Essay mit der Überschrift »Das Herz der Vorurteile« für die britische Zeitung »Independent« 1996 unter aktuellen Gesichtspunkten neu aufgeblättert. Auch ihm drängen sich Parallelen zu Ereignissen in unserer Zeit auf. Der Zusammenprall der Welten fördert die »Finsternis in den Herzen« der guten »Botschafter der Zivilisation« zutage. Nicht nur, weil die so oft zitierte »Finsternis« zu Anfang und Schluß der Erzählung auf der Themse herrscht. Die Lektüre Conrads weckt heute bei Marshall Erinnerungen an die kanadischen oder italienischen Blauhelme in Somalia, die gekommen waren, den Hungernden zu helfen, und dann Somali folterten. Oder an die niederländischen Blauhelme in Srebrenica, die mit den Serben kollaborierten. Francis Ford Coppola ist noch weiter gegangen. Ihm diente Conrads Kongo-Geschichte als Grundlage für seinen Vietnam-Film »Apocalypse now«.

Von Marionetten und Marionettenspielern

Der afrikanische Krieg in Kongo

> Die Bevölkerung der Demokratischen Republik Kongo und der Nachbarländer steht vor einer neuen Katastrophe, wenn jetzt keine konkreten Maßnahmen ergriffen werden, die Menschenrechte zu schützen.
>
> *Amnesty international in einem Bericht vom September 1998*

Der starke Mann Ruandas, Verteidigungsminister Paul Kagame, ist ein Kriegsherr, ein kühler Stratege und ein guter Tennisspieler. Er hat eine zwielichtige Partie gespielt um Einfluß im Nachbarland, das noch vor kurzem Zaire hieß und sich nun Demokratische Republik Kongo nennt. Eine Partie, die viele Menschenleben gekostet hat und noch kostet. Der Völkermord von 1994 dient ihm als Rechtfertigung für einen blutigen Kampf gegen die Hutu-Milizen, die Kongos östliche Provinz Kivu als Unterschlupf und Operationsbasis benutzen. Opfer in diesem Ringen auf Leben und Tod wurden aber auch Unschuldige, Zivilisten, Flüchtlinge. Zweimal (1996 und 1998) hat er seine Truppen ins Nachbarland geschickt, zweimal hat er versucht, Ruandas Eigeninteresse hinter einem Aufstand gegen Kongos Regierung zu verstecken. Zweimal hat er erst geleugnet, daß die ruandische Armee mit von der Partie war, um es dann – als Fakten geschaffen waren – zuzugeben. Beim ersten Mal spielte die Welt das Spiel lange schweigend mit, beim zweiten Mal wußte sie zwar von Anfang an, was gespielt wurde, geändert hat das aber nichts.

In einem Bericht vom September 1998 schreibt amnesty international: »1996 und 1997 schwiegen weite Teile der

Internationalen Gemeinschaft zu der Tatsache, daß die Kämpfer, die Präsident Laurent Kabila unterstützt haben, und Mitglieder der ruandischen Armee Zehntausende unbewaffneter Flüchtlinge und kongolesischer Zivilisten getötet haben. Einige in der internationalen Gemeinschaft spielten die Morde herunter oder behaupteten, sie seien nicht geschehen. Sogar der UN-Sicherheitsrat versagte im Juli 1998, wirkungsvoll zu handeln, als er den Bericht des UN-Untersuchungsteams erhielt, der deutlich machte, daß diese Truppen Verbrechen gegen die Menschlichkeit begangen haben, von denen einige sich zu einem Genozid entwickelt haben könnten. Die Täter, die immer noch nicht der Justiz überantwortet wurden, stehen nun auf verschiedenen Seiten, aber sie sind dabei, solche Taten zu wiederholen.«

Nachdem Präsident Mobutu geflohen war und Mitte Mai 1997 Laurent-Desire Kabila in Kinshasa einmarschieren konnte, äußerte sich der Militär Kagame geradezu euphorisch über die Zukunft. Auf die Frage, ob die Region nun friedlicher werde, sagte er der »Frankfurter Rundschau«: »Ganz ohne Zweifel. Das gilt für Zaire und für die ganze Region, denn Zaire hat Probleme für die Mehrzahl seiner Nachbarländer verursacht. Die Region minus Mobutu, das bedeutet, daß wir, was den Frieden betrifft, in einer viel besseren Situation sind.« Nur zu dem angeblichen neuen »Plus der Region« Laurent Kabila, der mit Ruandas militärischer Unterstützung in der Rekordzeit von sieben Monaten vom Führer des Aufstands in Ost-Zaire zum »Befreier« des Landes aufgestiegen war, mochte sich Kagame nicht äußern. »Er kann nun selbst beweisen, wer er ist«, meinte er knapp. Es dauerte nicht lange, da hatte sich der große Unbekannte Kabila enttarnt als autokratische Fehlbesetzung mit Hang zu Vettern- und Clanwirtschaft an den Schalthebeln eines abgewirtschafteten Riesenreichs. Und statt Frieden herrschte wieder Krieg in Kongo. Diesmal einer, der mehrere Staaten der Region zu Kriegsparteien machte.

So riesig das zentralafrikanische Gebiet der Großen Seen ist, es geschieht dort kaum etwas in einem Staat, wovon die Anrainer unberührt bleiben. Kabila hatte mangels anderer Instrumente und Ideen zur Einigung des Landes die bewährte Methode angewandt: Wenn ich keine Freunde habe, schaffe ich mir Feinde. Da eigneten sich Ruandas Tutsi, die Verbündeten von ehedem – im Volk ohnehin als »fremde Eroberer« verschrien –, bestens. Und der Mann, auf den auch Uganda und die USA mal Hoffnungen gesetzt hatten, kappte die Drähte zu diesen beiden gleich mit. Marionette? Wenn schon, dann eine, die ihre eigenen Fäden knüpft im Polit-Theater. So zog es ihn hin zu militärisch potenten Staaten wie Simbabwe, Angola und Namibia und schließlich auch Tschad, Sudan und Libyen. Die gleichen in einem Punkt Kabilas alten Verbündeten auf Haar: Eigennutz und Machtkalkül motivieren die Regierungen dieser Staaten zum Einsatz von Soldaten oder Kriegsmaterial für einen, der selbst nicht viel einzusetzen hat.

Der Nachfolger Mobutus, unter dessen Ägide es zuletzt eine Art Laisser-faire für die Menschen gab, weil der alte Autokrat das Land längst nicht mehr im Griff hatte, weckte keine Hoffnung auf demokratische Erneuerung. Der Riese Kongo, so groß wie die alte Europäische Union der Zwölf, schlingert unter ihm mangels Führungsqualitäten weiter vor sich hin. Kongo, erst »private« chasse gardée des belgischen Königs Leopold II., später Kolonie von Staats wegen, gilt wegen seiner gewaltigen Dimensionen, die bis heute keine vernünftige Infrastruktur überwindet, und wegen der Zersplitterung in sieben größere und eine Vielzahl kleinerer Völker und Ethnien vielen in Europa als tönerner Koloß, der jederzeit in Scherben zerspringen kann. Die frühen Jahre kurz vor und nach der Unabhängigkeit 1960 haben mit ihren endlosen Kriegen um Sezessionen von Süd-Kasai bis Katanga und der Ausrufung von Gegenregierungen dieses Bild geprägt. Das Land am Kongo, das zwielichtige Abenteurer und Ausbeuter von Rohstoffen immer wieder lockte, ist heute Heimat schillernder Persönlichkeiten vom Schlage eines Kabila ebenso wie Intellektueller nach Art des Rebellenführers und Historikers Ernest Wamba dia Wamba. Nur Frieden und Fortschritt, auf den die Kongolesen seit der Unabhängigkeit warten, hat dem Land bisher keiner beschert.

Mobutu, der nach der Ermordung des Premiers Patrice Lumumba 1961 zunächst der starke Armeemann im Hintergrund blieb, putschte sich 1965 mit Hilfe des US-Geheimdienstes CIA an die Macht. Er erfüllte aus der Sicht Frankreichs wie der USA lange Zeit seinen Job gut, das Land zusammenzuhalten. Da war es egal, welcher Mittel er sich dafür bediente, egal auch, daß soviel Geld in seine Privatschatullen wanderte, daß Zaire schon in den siebziger Jahren als bankrott galt. Und immer wieder boten die »leeren Räume« Zaires die Rückzugsbasis für Rebellen aus den Nachbarländern, ein Destabilisierungspotential, aus dem Mobutu Profit zu ziehen wußte. Auch als ihm am Ende alles entglitt und er seine Soldaten nur noch durch das Startzeichen zu Plünderungen zu »entlohnen« vermochte, hielt Frankreich ihm weiter die Treue. Zum bösen Schluß suchten gar französische Patrone ihm noch mit der Finanzierung von Söldnern beizustehen. Da setzten die USA, die auch mit Militärberatern in der Region zur Stelle waren, längst auf einen Laurent Kabila von Ruandas und Ugandas Gnaden. Mobutu hatte ausgespielt und ging, und mit ihm schwand der Einfluß Frankreichs. Der Mann mit dem Leopardenkäppi, der mehr als 30 Jahre das Land beherrscht hatte, starb wenig später in Marokko. Kabila kam, und alle Welt war so naiv zu glauben, das Schlimmste habe Kongo nun hinter sich.

Zumindest drei der Nachbarländer – Uganda, Ruanda und Angola – hofften, der »neue« Regent über Kongo, dem man so großzügig geholfen hatte, sich in Kinshasa zu installieren, werde nun für Sicherheit in den heiklen Grenzregionen sorgen und den unterschiedlichen Rebellengruppen keinen Unterschlupf mehr gewähren. Doch Kabila enttäuschte die Hoffnungen – nicht nur der Nachbarn. Auf internationaler Ebene fiel er rasch in Ungnade, weil er sich weigerte, mit den Vereinten Nationen bei der Untersuchung der Massaker zu kooperieren, die seine Truppen wie die ihm zur Seite stehenden Verbündeten aus Ruanda bei ihrem Vormarsch angerichtet hatten. Ein Jahr nach seiner Machtergreifung hatte Kabila zwar in Teilen der Bevölkerung, etwa durch Drosselung der Inflation, durchaus Sympathien geweckt, aber die Menschenrechtsberichte, nicht allein von amnesty international, lasen sich düster. Der »Befreier« war nur ein neuer Unterdrücker, einer, der eifrig die zivile Bewegung und die freie Presse drangsalierte, die sich in Mobutus letzten schwachen Jahren gerade in Zaire entwickelt hatten.

Das neue Unheil für das Land nahm seinen Lauf, als Kabila die Tutsi in seinem politischen Dunstkreis und auf hohen Militärposten entmachtete. Kabila, als Gallionsfigur installiert, suchte nun den Makel der Fremdbestimmung loszuwerden und seine »nationale« Macht zu stärken. Nichts bot sich dazu besser an, als selbst den Haß gegen die Fremden im Lande zu schüren. Schließlich tat er sich auch, wie schon Mobutu, mit den Hutu-Milizen wieder zusammen. Wieder schlugen sich Ruanda und Uganda an die Seite aufkeimenden Widerstands, nicht zuletzt unter den Banyamulenge im Osten des Landes. Die jetzigen Machthaber in Ruanda, denen aus der erhofften Sicherheitszone Kivu wieder Pogrom-Stimmung entgegenschlug, sahen sich erneut mit einem Genozid bedroht. Im August 1998 entlud sich nach Kämpfen um Kinshasa der Haß in grausamen Morden an Soldaten oder Einwohnern, die für Tutsi gehalten wurden. Im Radio war dazu offen aufgerufen worden: »Nehmt Macheten, Speere, Pfeile, Hacken, Spaten. Rechen, Nägel, Bügeleisen, Stacheldraht, Steine und so weiter, liebe Zuhörer, um die Tutsi umzubringen.«

Während Ruanda lange Zeit hartnäckig ein direktes Eingreifen in Kongo leugnete, gab Uganda offen zu, einige seiner Truppen verteidigten dort die »Sicherheit« des eigenen Landes. Präsident Musevenis Soldaten gingen gegen die von Kongo aus agierenden Rebellen, allen voran der Allied Democratic Forces (ADF) und der Lord Resistance Army (LRA), vor.

Kabilas letztes Stündchen an der Macht schien zunächst ebenso schnell zu schlagen wie das seines Vorgängers Mobutu. Doch der neue Machthaber erwies sich als zäher Intrigant mit dumpfem Machterhaltungswillen. Und er wendete für sich das Blatt um einen so blutigen wie gefährlichen Preis. Das »neue Kongo«, bald nach seinem Amtsantritt voreilig mit der Mitgliedschaft in der Entwicklungsgemeinschaft Südliches Afrika (SADC) belohnt, trieb den Spaltpilz divergierender Interessen tief in den Bund der 14 Staaten. Kabila zog Angola, Simbabwe und Namibia auf seine Seite. Simbabwes Präsident Robert Mugabe riskierte gar als Vorsitzender des SADC-Ausschusses für Sicherheit mit dem Interventionsbeschluß in Kongo einen Bruch der Statuten. Diese erlauben »Friedensmissionen« bei einem Konflikt in einem SADC-Staat nur mit einem Mandat der UN oder der OAU. Um die Spaltung zu vertuschen, ließ selbst Südafrika, erklärter Gegner der gewaltsamen Lösung der Kongo-Krise, die Sache auf sich beruhen und nahm Mugabes Provokation hin. Nur kurze Zeit später marschierte es allerdings selbst mit SADC-Segen ins kleine Lesotho ein und sorgte dort für Blutvergießen. Die »brüderliche Hilfe« des simbabwischen Staatschefs für Kabila wurde mit der Sorge um das Begleichen von Rechnungen für Waffenlieferungen gerechtfertigt. Tatsächlich sieht sich Mugabe seit dem Aufgehen des Sterns des neuen Südafrika unter Nelson Mandela in seiner politischen Bedeutung geschmälert. Ebenso stört ihn Südafrikas Rolle als ökonomische Lokomotive der Region. Angola wiederum hat seinen Blick fest auf die Rebellen der Unita und der FLEC in der Ölenklave Cabinda gerichtet und will beiden ihre Rückzugsgebiete in Kongo abschneiden. Namibia schließlich engagiert sich mit Truppen und Rüstungsgütern an der Seite Kongos nicht allein deshalb, weil auch Windhoek mit Krediten im Kongo-Spiel mitgemischt hat. Nach dem Zusammenbruch des Friedensprozesses in Angola geht in Namibia die Furcht vor einem Wiedererstarken der Unita in seinem nördlichen Nachbarland um. Das Ergebnis ist, daß in Kongo auf fremdem Territorium mehrere Nachbarstaaten um ihre eigenen Interessen kämpfen. Um Kabila geht es dabei zu allerletzt. Er müßte vielmehr fürchten, daß am Ende die fremden Staaten an Kongo herumzerren wie an einem Stück blutiger Beute.

Sollte er solche Visionen haben, schrecken sie ihn jedenfalls nicht. Im Gegenteil, er jongliert weiter mit Allianzen wie mit Handgranaten. Mittlerweile hat er auch die Unterstützung Sudans gesucht und offenbar gefunden. Zumindest sind in Sudan trainierte Hutu-Milizen in Kongo am Werk. Khartum wiederum beschuldigt Uganda, das die Rebellen der südsudanesischen SPLA unterstützt, auf seinem Gebiet militärisch einzugreifen. Umgekehrt haben die von Sudan unterstützten Rebellen in Uganda ihre Angriffe verstärkt.

Damit nicht genug, inzwischen mischt auch Tschad in Kongo mit, dessen Truppenkontingent angeblich von Libyen finanziert wird. Libyens starker Mann Moammar el Gaddafi scheint in jüngster Zeit seine Interessen für Schwarzafrika entdeckt zu haben.

Eine eigene Erklärung für das kriegerische Geschehen in Kongo hat der französische Afrika-Spezialist Jean-François Bayart in der deutschen Wochenzeitung »Die Zeit« geliefert: »Das Eingreifen Ruandas und Ugandas, inzwischen auch Angolas und Simbawes, in der Kongokrise ermöglicht es diesen Staaten, ihre militärische Stärke auszuweiten und im Rahmen ihrer strategischen und wirtschaftlichen Interessen Allianzen und Achsen zu schmieden. Insofern hat der Kongo den Platz inne, den Deutschland im 18. Jahrhundert einnahm und um den es gewiß nicht zu beneiden ist. Geschwächt durch Teilungen wird er zum Gefechtsfeld regionaler Ambitionen.« Die Kongolesen selbst sieht Bayart mit dem Überleben beschäftigt. Sie warteten auf die »Aushandlung eines regionalen Gleichgewichts nach Art eines Westfälischen Friedens«. Beim franko-afrikanischen Gipfel in Paris Ende November 1998 bemühte sich UN-Generalsekretär Kofi Annan, das schlimmste zu verhüten, und handelte einen Waffenstillstand aus. Wie schon bei früheren Versuchen, weigerten sich aber die Rebellen, die an den Verhandlungen nicht teigenommen hatten, der Einigung zuzustimmen, die über ihre Köpfe hinweg von Ruanda und Uganda gebilligt worden war. Die Aussicht auf Frieden bleibt eine vage Hoffnung.

Afrikanische Renaissance?

Eine Zauberformel vom Kap und das Ende der Ära Mandela

> Für uns stellt sich die Frage: Warum gibt es bei Ihnen (in Deutschland) Probleme, obwohl alle Menschen weiß sind, derselben Rasse angehören, dieselbe Sprache sprechen und soviel Geld transferiert wurde von West nach Ost.
>
> *Desmond Tutu 1998 in einem Interview mit epd-Entwicklungspolitik*

Deutschland hatte sein Wunder gerade erlebt: Die Menschen waren in Berlin über die Mauer geklettert, und das Brandenburger Tor stand sperrangelweit offen. Wenige Monate später, am 11. Februar 1990, war es in Südafrika soweit: Für Nelson Mandela öffnete sich nach 27 Jahren Haft das Tor zur Freiheit. Geschichte in Bildern. Der Mann, von dem es lange keine gegeben hatte, präsentierte sich im edlen Tuchanzug und ballte lachend die Faust. Es sollte noch unruhige vier Jahre dauern – mit Tausenden Toten vor allem in der Natal-Provinz und zähen, oft blockierten Verhandlungen am »runden Tisch« –, bis die schwarzen Südafrikaner im Mai 1994 erstmals eine politische Stimme hatten und Mandela, zur Feier der endlich errungenen Bürgerrechte mit seinem späteren Markenzeichen, dem Ethno-Hemd, bekleidet, als Präsidenten feiern konnten. Bis zu diesem Zeitpunkt hatten 84 Prozent der Bevölkerung, darunter der neue Präsident, keine Stimme. Die Welt, mit Erfolgsstorys aus Afrika nicht eben verwöhnt, blickte gebannt auf das Land am Kap und seine unblutige »gewählte Revolution«, seine Wandlung vom Paria zum Hoffnungsträger. In seiner Autobiographie »Long walk to freedom« schreibt Mandela, nach seiner Freilassung sei es seine Mission gewesen, Unterdrückte wie Unterdrücker zu befreien. Und er endet: »Der eigentliche Test unseres Einsatzes für die Freiheit beginnt erst jetzt.«

Südafrika startete mit einer Übergangsregierung, an der zunächst auch die Nationalpartei und Frederik de Klerk als Vizepräsident beteiligt waren, in eine »ausgehandelte Freiheit«. Ausgehandelt waren auch die Konditionen für das Instrument zur Vergangenheitsbewältigung. Die Wahrheitskommission mit ihrer Amnestieregelung für bekennende Täter der Apartheidzeit begann ihre Arbeit auf der Basis eines Kompromisses mit den Vertretern des alten Regimes. Daran hat ihr Vorsitzender, der frühere Erzbischof Desmond Tutu, die zahlreichen Kritiker des Verfahrens immer wieder erinnert. Das »Forum der Tränen«, wie Spötter die Kommission zu schmähen suchten, war kein Gerichtsort, der den Opfern der Apartheid Urteile oder »Gerechtigkeit« im juristischen Sinne bescheren konnte. Einige der Angehörigen, wie die Witwe des 1977 im Gefängnis vom Pretoria ermordeten Freiheitskämpfers Steve Biko, mochten sich damit nicht abfinden. »Am Ende werden wir diesen Leuten vergeben müssen, aber wie kann man vergeben, ohne daß zuvor Gerechtigkeit geschaffen wurde?« sagte sie. Nontsiki Biko klagte vor dem Verfassungsgericht Südafrikas gegen eine Amnestie für die fünf Polizisten, die den Mord an ihrem Mann gestanden hatten, aber ihre Klage scheiterte. Ohne das Verfahren vor der Kommission jedoch hätten die Südafrikaner die Wahrheit über den Tod Bikos wohl nie erfahren. Der Mechanismus von »Beichte und Absolution« für politisch motivierte Taten galt vielen Apartheidopfern als allzu christliche und allzu »billige Versöhnung«. Wirkliche Sühne, wie sie in der Ursprungsform des deutschen Worts Versöhnung nicht zufällig enthalten ist, bleibt den geständigen Tätern erspart. Zu den Mängelrügen, die dem Tribunal erteilt wurden, zählt, daß der »gesellschaftliche Profiteur« der Apartheid, die privilegierte weiße Minderheit, sich zu ihrer Nutznießerrolle im System der Rassentrennung nicht bekennen mußte. Individuelle Schuld habe die Kommission zutage gefördert, kein Bewußtsein kollektiver Verstrickung in das Apartheidsystem in den Köpfen der Weißen erzeugt. Die Befragung der Vertreter gesellschaftlicher Gruppen (Ärzte, Banken, große Unternehmen, Journalisten) hat daran nichts geändert, sondern eher deren Fähigkeit zur Verdrängung und zum Schönreden eigener Schuld zutage gefördert. Bezeichnend ist, wie sehr gerade Südafrikas Richtern eine Anhörung durch die Wahrheitskommission widerstrebte.

Natürlich hat man am Kap auch den Blick nach Ruanda gerichtet, obwohl die Ereignisse in beiden Ländern nicht vergleichbar sind. Ruanda will mit den Mitteln von Gefängnis, Prozeß und Todesstrafe den Lauf der Gerechtigkeit für die Opfer des Genozids befördern. Aber wie geht man um mit einem »Volk von Tätern«? Wie bewältigt man eine Vergangenheit, die längst noch keine ist? Von Versöhnung oder Vergebung gar kann – angesichts der mangelnden Bereitschaft vieler Täter zur Reue und der andauernden Attacken, Morde und Feindseligkeiten – keine Rede sein. Abgesehen davon, daß Südafrika in seiner Verfassung die Todesstrafe abgeschafft hat, ist das Land mit dem öffentlichen Erzählen und Anhören der Schrecken der Apartheid auch einen bewußt anderen Weg gegangen. Die Zeugenaussagen in den Akten der Wahrheitskommission sind aller Kritik zum Trotz ein Dokument der »Trauerarbeit«. Die aber wurde von den Opfern geleistet, während der weiße Teil der Gesellschaft, so öffentlich das Geschehen vor dem Tribunal auch war, sich ihr weitgehend entzog. Die Kommission hat nicht die ganze Wahrheit über das gewalttätige System der Rassentrennung zutage fördern können, aber doch Fakten aufgedeckt, die nicht mehr vom Tisch gewischt, nicht mehr geleugnet werden können. Ob mit den Mitteln der normalen Gerichtsbarkeit besseres erreicht worden wäre, ist zweifelhaft. So mußte sich der ehemalige Verteidigungsminister Magnus Malan zwar einem Prozeß stellen, wurde aber mangels Beweisen von ordentlichen Richtern freigesprochen.

Die staatstragende Nationalpartei der Apartheid fürchtete am Ende die Wahrheiten im Schlußbericht ebenso wie die einstige Befreiungsbewegung ANC, der Morde an angeblichen »Verrätern« im Exil angelastet werden. Nationalpartei wie ANC trachteten die Veröffentlichung zu verhindern. Beides ist letztlich Beweis dafür, wie gut Tutus Tribunal seine Aufgabe erfüllt hat. Wieder war es Nelson Mandela, der ein Beispiel gab und – anders als seine Partei und Ex-Präsident Frederik Klerk, mit dem er sich den Friedensnobelpreis teilt – das Ergebnis der Wahrheitssuche vorbehaltslos respektierte.

Nach der Anfangszeit der Euphorie und des Aufbruchs blicken die Menschen – ob schwarz, ob weiß – nun nüchterner in die Zukunft. Wenn Mitte 1999 wieder gewählt wird und die Ära Mandela offiziell zu Ende geht, ist das Abstimmen im demokratischen Südafrika noch keine Routine. Aber es müßte schon Ungewöhnliches geschehen, sollte der zweite nationale Wahlgang der neuen Republik am Kap etwas anderes bescheren als einen neuen schwarzen Präsidenten, der Thabo Mbeki heißt. Mbeki, lange nur Kronprinz Mandelas, ist längst der eigentliche Regierungschef. Ein allzu programmierter Übergang? Oder ein sanfter Wechsel nach Maß für ein Land, das sich Turbulenzen und politische Fehden um höchste Regierungsämter (noch) nicht leisten kann? Mandelas Rückzug in sozialverträglichen Raten von den Schalthebeln der Macht in Partei und Regierung ist bisher ohne Beispiel in Afrika. Die Abdankung des großen alten Mannes, den sein »langer Weg zur Freiheit« zum unumstrittenen Führer einer gespaltenen Nation machte, ist mit soviel Umsicht vorbereitet worden wie nur möglich. Eben das zeigt, wie sehr der Post-Apartheidstaat darauf bedacht sein muß, Zukunftsängste klein zu halten – in Südafrika selbst wie im politisch und wirtschaftlich interessierten Ausland.

Kann die Integrationsfigur Mandela nun ohne großen Schaden vom politischen Schachbrett genommen werden? Der Mann, schon zu Lebzeiten eine Legende, war von seiner Herkunft wie aus Überzeugung und nicht zuletzt wegen seines Schicksals zur richtigen Zeit der richtige »Häuptling«, ein auch konservativer afrikanischer Tradititon verpflichteter Präsident für das neue Südafrika. Nun wird das Land ohne Mandelas Charisma auskommen müssen, könnte dafür aber vom Pragmatismus seines Nachfolgers profitieren.

Ist Mbeki der richtige Macher für den Übergang zu »normalen Zeiten« am Kap? Die »Regenbogennation«, für die Mandelas Ethno-Hemd Symbol war, falle nun in die Hände eines Taktikers mit starkem ökonomischen Interesse, meinen Mbekis nicht wenige Kritiker. Er werde sie in Grau tauchen. Anzuggrau. Ein kleines Karo wollen dem »Schattenmann« Mandelas viele verpassen; sie werfen ihm gleichzeitig Träumerei vor, weil er eine »afrikanische Renaissance« propagiert, eine politische, ökonomische und kulturelle Wiedergeburt des Kontinents. Noch ein nebulöser Begriff, der schwer in der Realität zu verankern sei, sagen Meinungsmacher. Wie der von der Regenbogennation, die bereits tiefe Risse aufweise.

Politisch dominieren längst die ANC-Farben Schwarz-Gelb-Grün, meine jene Südafrikaner, die selbst ganz und gar nicht farbenblind waren, als ihr Stamm der Buren noch herrschte. In Südafrika wächst nicht so leicht zusammen, was die Apartheid getrennt hat. Auch das »Wunder vom Kap«, so sticheln in- wie ausländische Beobachter, habe sein Haltbarkeitsdatum schon überschritten. Und sie verweisen auf die hohe Kriminalität und Arbeitslosigkeit, die Morde an weißen Farmern, das Fehlen einer Opposition, die der neuen Staatspartei ANC gefährlich werden könnte, die Unduldsamkeit vieler Parteifunktionäre und des Präsidenten gegenüber Kritik in den eigenen Reihen wie in der freien Presse, die

Tatsache, daß sich statt Versöhnung zwischen schwarz und weiß neuer Rassismus breit macht.

Man kann dem entgegenhalten, daß die (noch von der Apartheidregierung geschürte) politische Gewalt unter Schwarzen, von Ausnahmen abgesehen, gestoppt wurde; daß Südafrika Gewerkschaften, eine freie Presse, kritische und mutige Kirchenführer, eine in Apartheidzeiten gewachsene Tradition des Widerstandes gesellschaftlicher Gruppen aufzuweisen hat. Sie alle haben nicht für Freiheit und Demokratie gekämpft, um sich nun mit weniger zufriedenzugeben. Man kann einwenden, daß südafrikanische Unternehmen überall auf dem Kontinent auf dem Vormarsch sind, daß nicht nur die Isolierung ein Ende hat, sondern das Land in afrikanischen wie internationalen Gremien heute eine mächtige Rolle spielt. Man kann für die Einsicht plädieren, daß die Müllhalden der Apartheid sich nicht von heute auf morgen im Recycling-Verfahren in Höhenzüge gesellschaftlichen Fortschritts verwandeln, daß Versöhnung zwischen Opfern und Tätern länger als eine Wahlperiode braucht – wenn sie nicht ohnehin in dieser Generation unmöglich ist.

Neue Krankheiten sollte man nicht gesundbeten und nicht alle Fehler und Mißerfolge der heutigen schwarzen Regierung auf das Erbe der Apartheid schieben. Ein kurzer Blick zurück hilft aber, einen gerechteren Maßstab anzulegen in Zeiten, da die ungewöhnliche Aufbruchstimmung in Südafrika vom gewöhnlichen Alltag überrollt worden ist.

Wer Südafrika während des Ausnahmezustandes in der zweiten Hälfte der achtziger Jahre besuchte, erlebte nicht nur zwei getrennt existierende – und bis heute nicht geeinte – Länder der ersten und dritten Welt mit Zonen völliger Rechtlosigkeit und Gewalt. Besucher trafen auch auf eine Gesellschaft, die mit sich selbst beschäftigt war, in der Entwicklungen im Rest der Welt kaum wahrgenommen wurden. Daß und warum in der Sowjetunion Perestroika angesagt war, bekamen die Menschen am Kap kaum mit. So brauchten die

Kalten Krieger in Südafrika länger als ihre Mitstreiter andernorts, bis sie begriffen, daß die alten Feindbilder sich langsam, aber sicher auflösten.

Als erste erkannten die Chefs des südafrikanischen Spitzenkonzerns Anglo-American und burische Unternehmer die ideologischen Scheuklappen als Hindernis für den weiteren Gang der Geschäfte und reisten zu Gesprächen mit der damals noch verbotenen Befreiungsbewegung ANC und deren »Terroristen«. Dort trafen die »Hochverräter« – nach den Gesetzen ihres Landes – auf einen »Teufel« namens Thabo Mbeki, Sohn des Kommunistenführers, ANC-Spitzenmannes und Mandela-Freundes Govan Mbeki. Es war der Auftakt einer wunderbaren Freundschaft zwischen einigen der weißen Bosse und dem so gewieften wie gewitzten Mann für die auswärtigen Kontakte des ANC, der in Großbritannien Wirtschaftswissenschaften studiert und in Moskau ein militärisches Training absolviert hatte. Auch Wunder wie das südafrikanische brauchen unauffällige Macher, und im Tandem Mandela/Mbeki war die Arbeitsteilung klar, lange bevor der Vize offiziell mit dem Präsidenten in die Pedale trat. Während Mandela und sein Vater im Gefängnis saßen, reiste Mbeki durch die Welt, knüpfte Kontakte, brachte einen Dialog mit unterschiedlichsten Gruppen in Gang. So traf man ihn mit weißen Akteuren aus der politischen Szene Südafrikas, die es nicht länger in der Sackgasse Apartheid hielt, in Bonn bei Klausuren der Friedrich-Ebert-Stiftung. Schließlich, Präsident Frederik de Klerk war gerade im Amt und ahnte anders als Mandela noch von nichts, riskierte Mbeki im September 1989 im Palace Hotel im schweizerischen Luzern ein Treffen mit Mike Louw, dem Vizechef des Geheimdienstes aus Pretoria. »Also hier sind wir nun, die verdammten Kommunisten und verfluchten Terroristen«, begrüßte er den Boss des Geheimdienstes vom Kap. Die Tür für den Dialog mit der Regierung öffnete sich.

Das alles ist längst Geschichte. Wie der Satz des verblüfften

Mbeki, als Mandela aus dem Gefängnis kam: »Was machen wir jetzt? Wir können doch nicht sagen, steckt Mandela wieder rein.« Nur kurze Zeit später, im Mai 1990, kam es in Kapstadt zur wohl spannendsten Konfrontation jener Zeit. Im Kapstädter Groote-Schuur-Gebäude trafen der damalige Präsident de Klerk und die Minister seines weißen Minderheitskabinetts zum ersten Palaver mit der Riege der »Staatsfeinde« des ANC zusammen, die aus dem Exil angereist war und über nichts Geringeres als die Machtteilhabe verhandeln wollte. Die Zeitungen registrierten jede Einzelheit, besonders die »roten Socken«, mit denen Kommunistenchef Joe Slovo zu den Gesprächen erschien. Jene aber, die sich bekämpft und gehaßt hatten, entdeckten nun die »Menschen« auf der jeweils anderen Seite des Tisches. Die wenigen Journalisten, die Gelegenheit hatten, mit Mitgliedern der ANC-Delegation in deren streng bewachtem Hotel über dieses historische Tête-à-tête zu sprechen, trauten ihren Ohren nicht. Die Staatsfeinde, die über Nacht politisch salonfähig geworden waren, und die weißen Politiker, die diese oft ein Leben lang gejagt hatten, suchten neugierig und fast freundschafllich am runden Tisch den Dialog – nach Ewigkeiten eisigen Schweigens. Viele dieser neuen »Freundschaften« waren nicht von langer Dauer. Ex-Präsident Frederik de Klerk verließ mit seiner Nationalpartei grollend die Übergangsregierung, weil Einfluß und Profil im Schatten des regierenden ANC rasch schwanden. Andere wie der damalige ANC-Generalsekretär Cyril Ramaphosa und Minister Roelof Meyer schlossen erst später bei den Verhandlungen über eine Verfassung tiefe Freundschaft.

Es ist ein langer Weg, den Südafrika seit dem runden Tisch zu Anfang der neunziger Jahre zurückgelegt hat, und so leicht damals die Gedanken über die Zukunft in den Köpfen einiger Beteiligter beieinander wohnten, so hart im Raum stoßen sich heute die Sachen in der realen Welt am Kap. Nicht nur ihre Stimme hatten die Menschen 1994 in die Wahlurnen geworfen, sondern auch Hoffnungen. Jobs und schöne neue Häuser im Township – davon träumten viele Schwarze. Dazu von besserer Bildung und Gesundheitsversorgung. Der Wind des Wandels konnte das kaum allen bescheren. Die Arbeitslosigkeit liegt heute zwischen 30 und 50 Prozent. Gleichwohl gilt Südafrika vielen Menschen aus den Nachbarstaaten als das gelobte Land, in dem Milch und Honig fließen und die Straßen mit Gold gepflastert sind. Der Slum-Gürtel um die Großstädte ist noch gewachsen, wilde Siedlungen der Zuwanderer vom Land wie aus dem Ausland vermehren sich in Windeseile. Die neuen Häuser in den Townships wachsen dagegen nicht nach Plan aus dem Boden. Eine Million, wie im staatlichen Programm für »Reconstruction and Developement« versprochen, diese Traumzahl wird bis zur Wahl unerreichbar bleiben. Seit dem Amtsantritt Mandelas hat die Regierung nicht einmal die Hälfte dieses Solls erfüllen können. Ein Teil der Gelder ist in Behörden und korrupten Baufirmen versickert. Zwar haben 1,2 Millionen Menschen Anschluß ans Stromnetz gefunden und für 2,5 Millionen fließt erstmals sauberes Trinkwasser, doch in den Schulen fehlt es an Räumen, Büchern, selbst Glühbirnen. Und auch das kostenlose Schulbrot mit Erdnußbutter, das »Mandela-Sandwich«, ist wieder gestrichen worden. Gleichzeitig maulen die Weißen über das Absinken der Standards in Schule und Gesundheitswesen. Krankenhäuser klagen über Mangel an Personal und Medikamenten. Erstmals aber haben Schwangere und Kinder unter sechs Jahren ein Recht, kostenlos behandelt zu werden. Schönes neues Südafrika der Widersprüche.

Daß diese Widersprüche weit größer waren zu jenen Zeiten, da vorwiegend die weiße Minderheit in den Genuß von staatlichen Mitteln und Privilegien kam, wird nur zu gern ausgeblendet. Die weißen Kritikaster haben auch keinerlei »Solidaritätsbeitrag« zur Überwindung der gesellschaftlichen Kluft in die Staatskasse gezahlt. Mandelas Vize Thabo

Mbeki warf der Mehrzahl der Weißen in einer Rede im Parlament im Frühjahr 1998 vor, sich nicht ausreichend am Aufbau des Landes zu beteiligen. Ausdrücklich verwies er auf das Beispiel des vereinten Deutschland und den Geldtransfer von West nach Ost. Eine »Reichtumssteuer« für mehrfache Randmillionäre zur Entschädigung von Apartheidopfern ist mittlerweile im Gespräch.

Südafrika gilt vielen als vergleichsweise reiches Land. Es ist dreimal so groß wie das vereinte Deutschland, hat aber mit 40 Millionen Menschen nur halb so viele Einwohner. Die Apartheid ist abgeschafft, der Graben zwischen Arm und Reich aber existiert nach wie vor und entspricht exakt jenem, der früher zwischen schwarz und weiß lag. Der Armutsreport der Regierung von 1998 zeichnet diese Kluft nach. Das reiche Südafrika ist diesen Zahlen zufolge ein Entwicklungsland. 95 Prozent aller Armen sind schwarze Südafrikaner, nur ein Prozent weiß. Im Durchschnitt verdient ein Weißer noch immer zehnmal soviel wie ein Schwarzer. Laut einer Untersuchung der Universität Natal vom 1994 verfügten die reichsten 10 Prozent der Haushalte über 51 Prozent des Gesamteinkommens im Lande, die ärmsten 40 Prozent aber über weniger als 3,9 Prozent. Trotz der Erfolge bei der Verbesserung der Infrastruktur zeichnet die Regierung selbst in ihrem Report ein düsteres Bild: Zwölf Millionen Südafrikaner haben keinen Zugang zu sauberem Wasser, 21 Millionen müssen mit miserablen sanitären Verhältnissen leben, nur 36 Prozent haben Zugang zu Strom.

Der finanzielle Spielraum für Entwicklung wird auch von einer Erblast des alten Regimes geschmälert. Kurz vor dem Ende der Apartheid füllte die weiße Regierung rasch noch neue Pensionsfonds für die öffentlichen Bediensteten eifrig mit Geld. De Klerk ließ das Rentensystem umstrukturieren und zwischen 1991 und 1993 viele Rand in die Fonds rollen, um der »alten Garde« ihre Pfünde zu sichern. Auf dieses Konto gehen allein 40 Prozent der Schuldenlast der öffentlichen Hand. Beim Übergang der Macht wurde sichergestellt, daß den Bediensteten ihre Beschäftigung für die Dauer der fünfjährigen Amtszeit der Übergangsregierung garantiert war. Wer früher ausgeschieden ist, zum Beispiel aus dem Polizeidienst, tat dies nicht ohne »goldenen Handschlag«. Südafrikas Schuldenlast gilt dennoch in internationalen Finanzkreisen als vergleichsweise gering.

Die Wirtschaft ist das Feld, das der Mandela-Vize Mbeki besonders intensiv beackert. Die Art und Weise, wie er auf Südafrikas Entwicklung durch unternehmerische Kräfte setzt, und sein Votum für die Privatisierung von Staatskonzernen (mit dem Stromversorger Eskom wird der Auftakt gemacht) trägt Mbeki im Ausland Schulterklopfen ein. Doch für viele Gewerkschafter und die noch mit dem ANC verbandelten Kommunisten sowie die Kirchen grenzt sein 1996 verabschiedetes Programm für Wachstum und offene Märkte mit der Abkürzung »Gear« an Thatcherismus. Sein vorwiegend an den Bedürfnissen der Wirtschaft orientierter Kurs gehe an den Entwicklungsbedürfnissen der Bevölkerung vorbei, lautet die Kritik aus diesen Reihen. Das Gesetz zur Chancengleichheit von Schwarzen (dazu zählen laut Text auch Mischlinge und Asiaten), Frauen und Behinderten auf dem Arbeitsmarkt stößt in den Konzernspitzen wie in der weißen Bevölkerung auf erbitterten Widerstand. Daß Betriebe mit mehr als 50 Beschäftigten künftig Quoten für die Beschäftigung diskriminierter Gruppen akzeptieren sollen, gilt auch liberalen Weißen, wie der prominenten Streiterin gegen die Apartheid Helen Suzman, als »umgekehrter Rassismus«, als massive Behinderung der Investitionslust ausländischer Konzerne und als Aufforderung an qualifizierte Weiße, die Koffer zu packen. Der Aufschrei zeigt, daß mit dem Gesetz der bisher aufrechterhaltene Status quo erstmals ernsthaft tangiert wird. So afrikanisch, daß Weiße um den Zugang zu Jobs fürchten müssen oder nicht befördert werden, soll Südafrika nun wieder nicht werden.

Die Jobzuweisung entlang der »Farbenlehre« hat Mandela und Mbeki den Vorwurf eingetragen, mit staatlichem Arm massiv in das große Rad einzugreifen, an dem der Kapitalismus auch in Südafrika gern selbst dreht. Der Spagat der Regierung zwischen den Ansprüchen der schwarzen Mehrheit und den Ansprüchen der (zumeist von Weißen gelenkten) Konzerne, die nicht aus Wohltätigkeit in Arbeitsplätze investieren, ist riskant. Das Job-Quoten-Gesetz stellt aber nicht einmal die größte Störung für ausländische Investoren dar. Laut Umfragen nimmt die Kriminalität den ersten Platz unter den Investitionshemmnissen ein. Sie existiert in Südafrika nicht erst seit dem Ende der Apartheid, aber sie rückte früher selten in die weißen Bezirke vor. Nun sehen und fürchten auch Weiße die Verbrechen und leben in einem Klima alltäglicher Angst. Und die horrende Arbeitslosigkeit gerade unter Jugendlichen sorgt bei den Banden für ständigen Nachschub.

Jobs, Jobs, Jobs – das ist auch für Südafrika das wichtigste Thema. Und die soziale Zeitbombe, die über das Schicksal der jungen Republik am Kap entscheidet, tickt. Nur bei fünf bis sechs Prozent Wachstum bis zum Jahr 2000, so sagen Experten, könnte die notwendige halbe Million neuer Arbeitsplätze jährlich geschaffen werden, um allein jene aufzufangen, die neu auf den Arbeitsmarkt strömen. Doch von Wachstum kann gegenwärtig keine Rede sein, Südafrika macht Minus und befindet sich einer Rezession, die lange Schatten auf die Zukunft wirft.

Für Desmond Tutu, als Kirchenmann von Amts wegen Spezialist in Sachen Versöhnung, besteht dennoch kein Zweifel, daß die Regierung zugunsten der lange genug diskriminierten schwarzen Mehrheit handeln muß: »Die Menschen wissen jetzt, daß sie eine Stimme haben, jetzt wollen sie auch ein passables Zuhause mit Licht und Wasser, sie wollen gute Schulen und Jobs. Hier muß die Transformation gelingen. Nur ein grundlegender Wandel der Lebensbedingungen ist die Grundlage für längerfristige Versöhnung.«

Die Ära des großen Versöhners Mandela geht zu Ende in einer Zeit, da die Gegensätze wieder deutlicher zutage treten. Selbst die Vaterfigur des »neuen Südafrika« zeigte gegen Schluß seiner Amtszeit Enttäuschung über den realen Stand der Dinge am Kap. Wenn der Fortschritt unter schwarzer Regierung eine Schnecke ist und überall sozialer Zündstoff herumliegt, dann sucht selbst ein Mandela weiße Sündenböcke – wie bei seiner Abschiedsrede als ANC-Vorsitzender im Dezember 1997, einer wahren Philippika. Gleichzeitig gab er aber Thabo Mbeki, dem neuen Parteichef, die Mahnung mit auf den Weg, sich nicht nur mit Jasagern zu umgeben. Ein Vorwurf gegen Mbekis Führungsstil, den viele in Südafrika teilen. Angelastet wird ihm in der Partei wie im Land, daß er politische Rivalen – wie den charismatischen ehemaligen Gewerkschaftsboß und ANC-Spitzenmann Cyril Ramaphosa oder den jungen ehemaligen Premier der Provinz Gaufeng Tokyo Sexwale – aus dem Feld geschlagen hat. Beide sind in die Wirtschaft abgewandert

Thabo Mbeki selbst ist alles andere als ein Jasager. So legte er sich im vergangenen Jahr mit Gewerkschaften wie Kommunisten an und las den Lehrern ebenso die Leviten wie den Regierungschefs der »Blockfreien Bewegung«, die man heute wohl umtaufen müßte. Gleichzeitig nimmt Mbeki Ratschläge von außen an und bestellt mit Ausdauer das Feld der Kontakte mit Politikern in Afrika wie im Rest der Welt. In kaum einem anderen Land dürfte es so viele regelmäßige Treffen in »binationalen Kommissionen« geben, etwa mit deutschen Spitzenpolitikern oder mit US-Vizepräsident Al Gore und Vertretern der Clinton-Regierung. Zu Deutschland hatte Mbeki stets gute Drähte. Die deutsche Gesellschaft für technische Zusammenarbeit, ausführendes Instrument der Bonner Entwicklungspolitik, hat einen Regierungsberater ans Kap entsandt, der in direkter Verbindung zu Mbekis Büro steht, das längst die Machtzentrale Südafrikas ist.

Als Politiker, der aus dem Exil kam, fehlt Mbeki die Aura

des Freiheitshelden Mandela, der im Gefängnis gelitten hat. Stand Mandela so gut wie außerhalb jeder Kritik, so wird Mbeki alle Pfeile auf sich ziehen. Der ANC, mittlerweile ein Dachverband für zum Teil weit auseinanderstrebende Bewegungen, könnte sich nach den Wahlen von den Kommunisten ebenso wie von den Cosatu-Gewerkschaftern trennen und den Schritt zur »normalen« Partei endgültig vollziehen.

Was Mandela und seinen Nachfolger bei allen Unterschieden eint, ist die Vision von einem neuen Afrika, einem Kontinent, der sein Schicksal selbst bestimmt. Es war Mandela, der 1994 bei einem Treffen afrikanischer Staatschefs zuerst von der »afrikanischen Renaissance« gesprochen hat. Er sagte: »So geben wir den Völkern der Welt Grund, von Afrika zu behaupten, daß es niemals Stabilität und Frieden kennen wird, daß es stets in Armut und Entmenschlichung leben wird und daß wir immer an jemandes anderen Tür klopfen und um eine Scheibe Brot bitten werden.« Es liege an den Afrikanern selbst, dies alles zu ändern. »Wir müssen sagen, daß kein Hindernis zu groß ist, um uns davon abzuhalten, eine afrikanische Renaissance hervorzubringen.« Thabo Mbeki hat diese Wiedergeburt Afrikas zu seinem persönlichen Anliegen wie zum Programm gemacht und predigt sie mittlerweile allerorten. Zornig rüttelte er am Gitter der Gleichgültigkeit: »Ich bin ein Afrikaner. Ich stamme von den Völkern des afrikanischen Kontinents ab. Die Qualen gewalttätiger Konflikte, die die Völker in Liberia, Somalia, im Sudan, in Burundi und Algerien erleiden, sind Qualen, die ich ebenfalls erleide.« Mandelas Nachfolger ist pragmatischer, weniger volksnah als »Madiba Magic«, der weltweit Verehrte. Aber Mbeki, der äußerlich so klein neben Mandela wirkt, ist alles andere als ein politischer Zwerg. Der »Neue«, den viele in Südafrika längst zu kennen meinen, ist nicht nur mit allen Wassern diplomatischer Taktik gewaschen, er ist ein Intellektueller, der Shakespeares Tragödien und die Gedichte des Iren W. B. Yeats liebt. Vor allem aber hat er wie

Mandela einen Traum von einem anderen Afrika. Und so könnte er doch – allen politischen Stürmen zum Trotz, die man nun am Kap heraufziehen sieht – der richtige Erbe sein. Wichtig aber ist nicht, ob er Mandela davon überzeugt hat, er wird die Südafrikaner überzeugen müssen. Und die wollen in ihrer großen Mehrheit nichts von Shakespeare oder Visionen wissen, sie wollen endlich sozialen Fortschritt erleben.

Stabwechsel in Südafrika auf dem Weg ins Jahr 2000. Ein wichtiger Wechsel auch für den Kontinent. Mbeki wird mit etwas Glück zumindest am Anfang einen kritischen Begleiter haben: Nelson Mandela hat für alle Fälle damit gedroht, der neuen politischen Führung auf die Finger zu schauen. Als er die Führung des ANC in Mbekis Hände legte, freute er sich darauf, endlich wieder ein einfaches Mitglied seiner Partei zu sein und das Präsidentenamt abzugeben, »um so kritisch zu sein, wie ich es kann, und mich allen Anzeichen von Machtbesessenheit im Shell-House (dem mittlerweile umbenannten Sitz des ANC) entgegenzustellen«.

Nachwort
Allein in die Zukunft

Tatort Afrika – ein Ort für Taten der Afrikaner

Völkermord, Hunger, Krieg. Wenn ich an Afrika denke, sehe ich andere Bilder. Ich denke an die Afrikanerinnen, mit denen ich im Zug von Daressalam nach Mbeya fuhr, während der Kollege ins Männerabteil entschwunden war. Es war ein Liegewagen, es war Nacht, und das Rattern der Räder hielt uns wach. Wir lachten und redeten, redeten. Und an der einen oder anderen Station kauften meine beiden Mitreisenden von fliegenden Händlern etwas ein zum Knabbern oder Dranbeißen. Snack auf afrikanisch. Zuckerrohr zum Beispiel. Sie kauften es auch für mich. Und während der Saft süß und klebrig in den Mund tropfte, redeten wir von Kindern, Männern, Eltern. »Mamma«, die Anrede und den Ehrentitel, mußte man sich als solche verdienen, und ich hatte den Versuch längst aufgegeben zu erklären, warum ich keine »Mamma« war. Arbeit? Kein Grund, auf Kinder zu verzichten. Ich log also fleißig und sprach von mindestens dreien. Und wir wurden Freundinnen für eine Nacht.

Ich denke an die neugierige Schar der Streetboys in Nairobi, die uns mit Father Gruhl am Flughafen abholten und den Argwohn der Soldaten mit Knarre und Polizisten erregten. Zehn Jahre alt war der Einäugige, dessen Bruder von einem Matatu, dem Kleinbustaxi der Afrikaner, überfahren worden war. Ich weiß noch, wie ich mich fragte, wie man nur so unverschämt mit einem Auge lachen kann.

Ich denke an die Frauen in einer Klinik in Namibia an der Grenze zu Angola, die eine Mutter trösteten, deren Kind bei der Geburt gestorben war, weil die Gerätschaften, die zu seiner Rettung benötigt wurden, knapp und gerade anderswo im Einsatz waren. »Du wirst andere Kinder haben.« Die einheimische Oberschwester war hier der »Chef«, und die jungen Ärzte aus Deutschland behandelten sie mit mehr Respekt, als sie zu Hause ihrem Chefarzt entgegengebracht hätten.

Ich denke an den Morgen im Hotel in Kapstadt im Mai 1990, als um 6.30 Uhr Nelson Mandela zum Frühstück kam, und das schwarze Personal strahlte und applaudierte.

Ich denke an die Fahrt auf der Ladefläche eines Pickup über Pisten zu einem Flüchtlingslager in Simbabwe an der Grenze zu Mosambik. In den Säcken, auf denen ich saß oder lag, befand sich Nahrung für Menschen, die schon mit Blättern hatten vorlieb nehmen müssen. Ich sehe die Gesichter von Frauen und Männern, deren Stolz und Würde beschämte.

Ich denke an irritierende Weiten und ebensolches Licht. Und ich denke an die Lügen, die regierungsamtliche Begleiter im Kamerun des Paul Biya auftischten, während sie einem keine Chance gaben, ihrem Kontrollblick zu entkommen.

Ich betrachte den Speer, der mir in einer Kirche in Tansania überreicht wurde, um gegen »Hunger und Armut und Krankheit« zu kämpfen, und der nun in einer Ecke meiner Wohnung steht, während ich mit nichts kämpfe als Wörtern.

Afrikas Zukunft? Die Afrikaner werden sie entscheiden. Stell dir vor, es ist Krieg in Kongo und alle machen mit? In Simbabwe gehen die Leute auf die Straße gegen Mugabes Kriegstour. In Europa reist ein Präsident Kabila herum, und keiner denkt daran, ihn einzulochen wie einen Pinochet. Händeschütteln ist angesagt. Menschenrechte unterliegen der politischen Opportunität. Die verbuchte beim jüngsten franko-afrikanischen Gipfel in Paris den Erfolg einer ausgehandelten Waffenpause für sich. Frankreichs Präsident Jacques Chirac verkündete ihn und signalisierte so, daß sein Land wieder mitredet. In Wirklichkeit war aber UN-Chef Kofi Annan der Stifter des vorerst noch brüchigen Friedens.

In Afrika nichts Neues? Renaissance, ein Nebelwort zur Bemäntelung der realexistierenden Verhältnisse? Der demokratische Aufbruch erstickt in neuem Krieg und Gewalt? »Unumkehrbar« ist er dennoch mancherorts geworden. Viele, viele Afrikanerinnen und Afrikaner haben genug davon, von allem nicht genug zu haben. Genug davon, daß der Rest der Welt glaubt, der Tod sei ein Meister aus Afrika, wo sie selbst doch mit soviel Ausdauer nicht nur ums Überleben, sondern um ein »anderes Afrika« kämpfen. »Africa positive« heißt nicht zufällig ein neues Magazin, das auch in Deutschland vertrieben wird und an dem Afrikaner, die hier leben, mitarbeiten. »Wenn die westlichen Medien nichts über unser Land berichten, wissen wir, daß dort alles in Ordnung ist«, heißt es da. Daß nicht überall alles zum Besten steht, wollen diese Afrikaner nicht leugnen. Aber: »Krieg zum Beipiel im Sudan, Angola oder Somalia bedeutet nicht, daß Afrika im Krieg ist. Immerhin besteht Afrika aus 52 Ländern und nicht aus einigen, die im Krieg sind.« Und sie wenden sich gegen die Macht der Bilder von Hunger, Armut und Krankheit und fragen sich, warum »die Fernsehleute nicht ihre Kameras an die Seite legen, um einem sterbenden Kind, das sie filmen, zu helfen«. Sätze, denen nichts hinzufügen, die nicht zu kommentieren sind.

Die Afrikaner selbst sind nun an der Reihe. Kurz vor dem Ende dieses Jahrhunderts machen sie sich auf, ihren Weg in die Zukunft allein zu gehen. Wie frei ist Afrika? In den neunziger Jahren ist das Interesse an politischer Fremdherrschaft in Afrika schleichend abhanden gekommen. Auch wenn der Clinton-Besuch anderes suggerierte, die Solo-Weltmacht ist nicht zu schwach, aber zu beschäftigt anderswo, um sich auf Afrika zu stürzen, das ein schwer kalkulierbarer Faktor ist.

Selbst Frankreich zieht sich zwar nicht völlig zurück, will aber seine wahrlich nicht immer segensreichen Beziehungen zum Kontinent doch einschränken und »normalisieren«. Die Afrikapolitik wird reformiert und umstrukturiert, die militärische Präsenz auf ganze 5000 Mann reduziert.

»Europa hat keine Afrikapolitik«, klagte angesichts des Kriegs in der Demokratischen Republik Kongo Emma Bonino, die EU-Kommissarin für humanitäre Angelegenheiten. In Kongo, so Bonino, seien die Europäer kaum noch präsent. Aber vielleicht ist sogar das ein gutes Zeichen für einen politischen Umbruch. Denn früher hatte die EU eine Afrikapolitik, aber eine überwiegend französische. Paris betrachtete Afrika als seine chasse gardée, seinen privaten Hinterhof – und drängte der Europäischen Union den Kurs auf. Das ist nach dem Prestige- und Glaubwürdigkeitsverlust, den Frankreich in den vergangenen Jahren in Afrika erlitten hat, schwieriger geworden.

Die ökonomischen Interessenwahrer gibt es zwar noch, sie aber agieren – wie anderwo auf der Welt auch – weitgehend selbständig. Afrika bekommt es direkter als bisher mit ihnen zu tun.

Viel mehr als hektische diplomatische Aktivitäten und im Zweifel das Pflaster der humanitären Hilfe haben die Afrikaner von der politischen Außenwelt in Zukunft kaum zu erwarten. Die Politiker wie die Rebellen am Ort scheinen das zu wissen und ihre jeweils eigenen Schlüsse daraus zu ziehen. Wie wird Afrika die neue Freiheit, die mehr als ein neuer Spielraum ist, nutzen? Das Szenario des 30jährigen Krieges oder »Flächenbrandes« ist mehrmals in diesem Buch aufgetaucht. Richtig muß nicht sein, was Europas und Amerikas Afrika-Experten spekulieren. Was 1999 und danach in Südfrika oder in Nigeria geschieht, kann das Blatt wenden. So oder so. Was immer den Kontinent verändert, es geschieht von jetzt an im wesentlichen in Afrika selbst. Tatort Afrika – ein Ort für Taten der Afrikaner. Lassen wir uns ein auf den Satz von Lamb: »Es gibt Wege aus dem Sumpf. Afrika steckt voller Überraschungen. Nichts ist so, wie es scheint...«

Ich danke den Afrika-Korrespondenten Wolfgang Kunath, Nairobi, und Hans Brandt, Johannesburg, für kritische Lektüre und gute Ratschläge.

Literatur

Afrika jenseits des Staates. In: Welt-Trends, Nummer 14, Frühjahr 1997, Berliner Debatte Wissenschaftsverlag 1997

Ansprenger, Franz: Politische Geschichte Afrikas im 20. Jahrhundert. Ch. Beck, München 1992

vom selben Autor: Afrika – der verlorene Kontinent? In: Internationale Politik 9/1996

Böckelmann, Frank: Die Gelben, die Schwarzen, die Weißen. Eichborn-Verlag, Frankfurt am Main 1998

Brüne, Stefan/Mehler, Andreas: Die neue französische Afrikapolitik. In: Afrika-Jahrbuch 1997. Hrsg. vom Institut für Afrika-Kunde. Verlag Leske + Budrich, Leverkusen 1998

Brunold, Georg: Afrika gibt es nicht. Korrespondenzen aus drei Dutzend Ländern. Rowohlt Taschenbuch Verlag, Reinbek bei Hamburg 1997 (rororo horizonte)

Johnson, Dominic: Das verlorene Jahrhundert: Afrika an der Schwelle zum Jahr 2000. In: Germund, Willi (Hrsg): Wie ein Floß in der Nacht. Afrikas Suche nach Zukunft. Verlag J. H. W. Dietz Nachf. GmbH, Bonn 1996

Jungbauer, Andreas: Deutsche Afrika-Politik in den 90er Jahren. LIT-Verlag, Hamburg 1998

Kabou, Axelle: Weder arm noch ohnmächtig. Eine Streitschrift gegen schwarze Eliten und weiße Helfer. Lenos-Verlag, Basel 1995

Kapuściński, Ryszard: Der lange Marsch der Geschichte. In: Lettre international, Herbst 1998

Kapuściński, Ryszard: »Die weißen Besserwisser«. Interview in: NZZ-Folio, Zeitschrift der Neuen Zürcher Zeitung, Nr. 6 vom Juni 1997

Ki-Zerbo, Jospeh: Die Geschichte Schwarzafrikas. Fischer Taschenbuch Verlag, Frankfurt am Main 1981

Köhne, Gunnar (Hrsg.): Die Zukunft der Menschenrechte. Rowohlt Taschenbuch Verlag, Reinbek bei Hamburg 1998 (rororo)

Kühne, Winrich: Machtpoker in Afrika. In: Internationale Politik, Nr. 11, November 1998

Kühne, Winrich: Multinationale Friedensmissionen und nationale Interessen. In: Kaiser, Karl/Krause, Joachim (Hrsg): Deutschlands neue Außenpolitik. Band 3: Interessen und Strategien. Oldenbourg Verlag, München 1996

Lamb, David: Afrika, Afrika. Die vielen Gesichter eines Kontinents. Marino Verlag, München 1994

Lock, Peter: Privatisierung der Sicherheit oder private Militarisierung? Aktuelle Entwicklungen in Afrika. Afrika-Jahrbuch 1997, Institut für Afrika- Kunde, Verlag Leske + Budrich, Leverkusen 1998

Michler, Walter: Weißbuch Afrika. 2., überarbeitete Auflage, Verlag J. H. W. Dietz Nachf. GmbH, Bonn 1988

Michler, Walter: Afrika – Wege in die Zukunft. Ein Kontinent zwischen Bürgerkriegen und Demokratisierung. Horlemann-Verlag, Bad Honnef 1995 (Misereor Medienproduktion)

Matthies, Volker: Äthiopien, Eritrea, Somalia, Djibouti. C. H. Beck'-sche Verlagsbuchhandlung, München 1997 (Beck'sche Reihe Länder)

Museveni, Yoweri Kaguta: Sowing the Unstard Seed. Macmillan, London 1997

Nohlen, Dieter/Nuscheler, Franz (Hrsg): Handbuch Dritte Welt. Unterentwicklung und Entwicklung in Afrika. Halbband I und II, Hoffmann und Campe, Hamburg 1976

Richburg, Keith B.: Jenseits von Afrika. Quell Verlag, Stuttgart 1998

Ruanda – Alptraum ohne Ende. Der Überblick, Heft 1, 1996 mit Beiträgen von Adelman, Howard/Suhrke, Astrid/Prunier, Gerhard und Chalk, Frank

Simson, Uwe: Kultur der Entwicklung. Argonaut-Verlag, Zürich 1998

Tetzlaff, Rainer: Demokratisierung kann verfrüht sein. In: epd Entwicklungspolitik 4/1997

Weiss, Ruth: Geteiltes Land. Krieg und Frieden im südlichen Afrika. E.B.-Verlag Dr. Hand-Jürgen Brandt, Hamburg 1997

Weiss, Ruth/Mayer, Hans: Afrika den Europäern! Peter Hammer Verlag, Wuppertal 1984

Wirz, Albert: Hutu oder Tutsi? Europas Rassenlehre und ihre fatalen Folgen. In: Im Herzen Afrikas, NZZ-Folio, Die Zeitschrift der neuen Zürcher Zeitung, Nr. 6, Juni 1997

AtV

Band 8519

Aufbau Thema
Herausgegeben von Wilhelm von Sternburg

Verena Metze-Mangold
Auf Leben und Tod

Die Macht der Gewalt in den Medien

Originalausgabe

127 Seiten
ISBN 3-7466-8519-2

Fernsehszenen wurden grausame Realität. Das mentale Elend der Gewalt hat weltweit Konjunktur. Inzwischen bewegt es Politiker und Gremien, 5 000 wissenschaftliche Studien liegen vor sowie internationale Konventionen – und das Ergebnis? Das Ballern, Brüllen, Bluten, die Pornographie der Gesellschaft: nichts als zynische Logik des Systems?
Verena Metze-Mangold, Vizepräsidentin der Deutschen UNESCO-Kommission, analysiert die Rolle der Medien als »Tor zur Welt«, skizziert die Veränderungen im globalen Mediengeschäft als Teil globaler Ökonomie und fragt, wie im Zeitalter der Informationsgesellschaft die Macht der Medien kontrolliert werden kann.

AtV

Band 8525 Aufbau Thema

Herausgegeben von Wilhelm von Sternburg

Robert Misik

Die Suche nach dem Blair-Effekt

Schröder, Klima und Genossen zwischen Tradition und Pragmatismus

Originalausgabe

107 Seiten
ISBN 3-7466-8525-7

Alle Sozialdemokraten wollen so modern und dynamisch sein wie der britische Premier Tony Blair. SPÖ-Chef Viktor Klima geht daran, die Losung von der »klassenlosen Gesellschaft« aus dem Parteiprogramm zu eliminieren. Gerhard Schröder, der neue Held der SPD, trägt das Attribut »Genosse für die Bosse« fast als Ehrenzeichen. Lionel Jospin sucht in Frankreich neue Wege in die »linke Mitte«.
Robert Misik diskutiert die Ideen der »Neuen Sozialdemokraten«. Seine These: Die Globalisierung und die Krise des Nationalstaates verlangen von den Sozialdemokraten die »Neuerfindung ihrer selbst«. Die Sozialdemokratie der Zukunft wird eine europäische Partei sein – oder sie wird nicht sein.